ヤマケイ文庫

雪炎

富士山最後の強力伝

Inobe Yasuyuki

井ノ部康之

Y L
Yamakei Library

目次

現役時代の並木宗二郎さん（撮影＝内田 修）

本書は一九九六年六月、山と溪谷社から刊行されました。
装丁・デザイン　小林幸恵（エルグ）

第一章

さらば富士よ

麓《ふもと》はまもなく桜の季節だ。

春告鳥《はるつげどり》とも呼ばれるウグイスが伸びやかな声をふりまき、三十センチほどもある長い尾を持つサンコウチョウの雄が胸をふるわせ、

「ツキヒーホシ、ホイホイ、ツキヒーホシ、ホイホイ」

と春の賛歌を奏でる。

その声に誘いだされたかのように、ヤマドリ、ヨタカ、クロツグミ、キバシリなどが鳴き交わしながら姿を見せ、麓の春はいっきに活気づく。

細くひびく横笛のように、

「ヒイーヒョー、ヒイーヒョー」

と鳴くトラツグミの声もまじっている。

単独ならさびしげに聞こえるその声も、鳴き交わすほかの小鳥たちの声と共鳴し合い、楽しくはずむように聞こえる。

吹く風もやわらかになって、風が運んでくるのはすっかり春のかおりだ。

富士山の東山麓《さんろく》にひろがる富士霊園の桜の蕾《つぼみ》もふくらんだ。

富士霊園は広さ約二百三十万平方メートル、広大な公園墓地だ。どこからでも富士山を望むことができる園内には、富士桜や染井吉野など五千本の桜が植えられている。

この桜も一週間もすれば満開になる。

花の見頃になると、園内は連日おびただしい花見客であふれる。花影は薄い桜色に霞み、桜並木をそぞろ行く人々を花の色に染める。

このように麓の桜の時期は、小鳥たちの囀《さえず》りと淡い色彩にはなやぐ。だが、富士山頂はまだ白一色、風が走るほかに音はなく、季節は冬だ。

一九九四（平成六）年四月五日——。

厳冬期のきびしさはやわらいだものの、富士山頂の四月の平均気温は摂氏零下八・五度、平均風速十一・八メートル……頂上に近くなると、登山道の雪はかたく凍ったままだ。

並木宗二郎は三二四〇メートル地点にある七合八勺の小屋で、いつもどおりおにぎり二個とカップラーメンの昼食を終えた。

この小屋は山頂勤務をする富士山測候所の職員のために建てられたもので、山が荒れて危険な時には、ここに泊まって天候の回復を待つ避難用の小屋だ。冬の間は雪に埋まってしまい入口の戸は開けられないから、出入りは凍りついた雪を割って小窓からすることになるが、内部は快適に作られている。テレビも見られるし、ガスの設備や寝具も整い、非常食が備蓄《びちく》されているほか、雑誌などもおかれている。

並木は十一月から四月まで、およそ六カ月におよぶ冬季間、十日に一度、山頂の測候所に生鮮食料品などを運びあげる強力《ごうりき》である。

山頂の富士山測候所では冬季間も班長のほか、レーダー、気象観測、通信、調理の各担当者合計五人が一班を編成し、三週間交代で勤務している。

並木が担ぎあげる荷物には連絡用書類、新聞・雑誌、家族からの手紙などがまじっているが、重さはいつも三十キロ。身長一六三センチ、体重五十四キロと小柄で、年齢五十四歳の並木の身にはこたえる。

並木は身体をあたためるため、ゆっくりと一杯の紅茶を楽しんでから外に出た。

冬晴れの日なら、眼下はるか、右から左へ駿河湾、相模湾、東京湾とつづき、伊豆半島、三浦半島、房総半島はもちろん、伊豆大島や江の島も望むことができる。

ひと冬にわずか二、三度ぐらいだが、冷気に澄みきった日には新宿の高層ビル群や横浜のポートタワーも見わけることができる。しかし、春が近づくにつれて薄雲が多くなり、視界が悪くなる。

いまも雲の切れ間から、金時山はじめ箱根の山並みや丹沢あたりが見えるだけだ。

山中湖は雲の下で見えないが、芦ノ湖が小波を浮かべ、春の陽光にきらめいているのがかすかにわかる。

(強力になって二十一年か。長かったのか短かったのか……。次の登山予定日は十五日だから、その頃は雪もゆるんでしまうな)

並木は下界に視線を遊ばせながら、そんなことを考えていた。

相棒の山野井泰史は弁当を食べ終えると、

「お先に!」

と言いおいて、さっさと出発していった。

一九九四(平成六)年四月現在、富士山の専門職強力は並木一人だが、登山の安全を確保するため、富士山測候所では冬山の単独登山を禁じている。だから、冬山訓練をかねた若い登山家たちがアルバイトとしてやってくる。彼らと組んで二人一緒に登ることになるが、五十歳を四つも過ぎた並木の歩調と若い登山家たちのペースは合わない。

ここしばらくコンビを組んでいる山野井も若き登山家だ。

一九九〇（平成二）年パタゴニアのフィッツロイ冬季単独初登頂、一九九一（平成三）年カラコルムのブロードピーク（八〇五一メートル）登頂、一九九二（平成四）年ネパールのアマ・ダブラム西壁冬季単独初登頂、一九九三（平成五）年カラコルムのガッシャブルム2峰（八〇三五メートル）登頂……などの輝かしい登山歴を持っている。（編注①　254ページ参照）

しかし、並木はこと富士山においては自負を持っていた。三十代の頃は彼らに負けなかった。四十代も、なにくそ！　と歯を食いしばってついていった。だが、五十歳になってからはそんな対抗心はなくなった。気力だけでなく、体力的にも無理がきかなくなった。無理をすればすぐに足腰にひびく。ここ三、四年は昼食を取るこの小屋までは遅れながらもついて来るが、あとはお先にどうぞ！　の心境だ。

並木はこの朝も四時に起きた。

山に登る日はいつもこの時間だ。

普通は早朝に登りはじめ、夕方前までにはおりてくるのだが、天候が悪くなって何日も足止めをくい下山できないことがある。だから、三人の子供たちのために数日分の食料を準備しておいてやらなければならない。

並木は富士山の東麓・静岡県駿東郡小山町須走の町営住宅に娘一人、息子二人と一緒に住んでいる。

妻の景子を亡くして十六年になる。

娘の裕子《ゆうこ》は二十四歳になったが、全盲で買物や家事をまかせるには心もとない。

長男の崇《たかし》は二十二歳で自動車整備士、家から沼津の工場に通っている。次男の俊次《としつぐ》は十八歳、この春高校を卒業して地元の建設資材会社に就職したばかりだ。

男手一つで育てたが、息子二人はいずれも立派な若者に育った。だから、たいていの家事はこの二人にまかせることができるが、母親の役割をこなすのはもう長い間、並木の習慣になっている。

並木は買いそろえた食料を、前日のうちに小分けにして冷蔵庫につめた。調理ずみで今夜食べるものは手前に、自分が今日じゅうに下山できない時にわずかに手を加えて食べるものは冷蔵庫の奥に、そして肉や冷凍食品は冷凍庫に入れた。前の晩にセットしておいたからご飯は炊《た》けている。

豚肉をたっぷり入れた野菜炒《いた》めと厚焼き卵を入れて息子二人の弁当をこしらえた。家にいる娘の昼食のためには肥らないように肉を少なめにし、厚焼き卵と一緒に一枚の皿に盛りつけてサランラップをかけた。それから、鯵《あじ》の干物を焼き、豆腐の味噌汁をつくり、一人で朝食を食べた。

同じように鯵の干物を焼いて、まだ寝ている子供たちのために、居間のコタツ板の上に三人分の朝食をならべた。味噌汁の入った鍋はあたためればいいようにガスコンロの上にかけた。

すっかり用意が整ってから、並木は着なれた冬山用のウエアに着がえた。それから、子供たちの衣類や履物《はきもの》にも目配りをし、そのへんをざっと片づけ、二階で寝ている息子たちに声をかけた。

「おーい、タカシ、トックン！　行って来るぞ！」

次男の俊次のことは家族みんながトックンという愛称で呼んでいる。まだ眠っているのだろう。息子たちから返事はない。

いつものことだ。

並木は登山靴をはいて外に出た。

冬ならまだ暗い時間だが、もう四月、外は明るくなっている。だが、あたりはまだ寝静まっている。

並木は玄関を出たところでふり返った。これはいつもやることだ。晴れていれば、視線の先に富士山の七合目から上が見えるはずだ。だが、この朝は富士山は見えなかった。いつも、このようにして山の天候の見当をつける。登山が不可能なほど山が荒れていれば、ここからでもだいたいわかる。

（山は見えないが、この程度なら大丈夫だな）

出かける前に、並木は娘のために裏庭に建てたプレハブ造りの部屋にも声をかける。

「裕子、起きたか？」

「ああ、お父さん……おはよう」

寝床から身を起こした裕子が覚めきっていない声で言う。

「おはよう、具合はどうだ？」

「うん……」

目が不自由なこともあって、裕子の心の状態は不安定だ。

この日は比較的元気そうだったので、並木は安心した。

「いつもどおり、ご飯の準備はできてるからな。ガス、気をつけてな」

「……いってらっしゃい」

見えるはずがないのに、裕子は入口の並木のほうにわざわざ顔を向けて言った。

「じゃあ、行ってくるわ」

並木も見えるはずのない娘に軽く手をあげた。

ピッケル、アイゼン、帽子、サングラス、軍手……山の必需品が後部座席に積んであるのを確認してから、愛車の小型パジェロを運転して家を出た。

途中、終夜営業のコンビニエンスストアで昼食用のおにぎり二つとカップラーメン、それに非常食用のメロンパンをひとつ買った。三十キロの荷物を背負わなければならないから、自分のために持つのはそれだけだ。

車で十数分走ると、六時前には太郎坊基地の小屋に着く。

そこには前日から泊まっている相棒の山野井が待っていた。

挨拶もそこそこに、冬山の装備を整え、軍手をはめ、ピッケルを手に雪上車に乗り込む。

木製の背負子《しょいこ》と山頂に運びあげる荷も積み込んだ。

そこから五合目（二五〇〇メートル）までは雪上車で運ばれるのだ。

太郎坊の小屋を出発するのが六時半、二時間ほどで五合目に着き、いよいよそこからは山野井と二人、徒歩で頂上をめざすのだ。

天候条件によってちがうが、途中、七合八勺の避難小屋で昼食を取り休憩をする時間を入れて、五合目から頂上まではだいたい六時間の行程である。

富士山は静岡・山梨の両県境にまたがる孤峰で、標高三七七六メートル……遠目にはなだらかで、どちらかといえば女性的に見えるが、近づいてみると玄武岩を主とする山肌は荒々しく、山容も鋭角的でけわしい。裾野《すその》の傾斜は二、三度となめらかだが、山頂付近は急峻《きゅうしゅん》で三十二〜三十五度もある。

富士山の夏山シーズンは、七月一日の山開きから八月三十一日の閉山までの二カ月間だが、この間、日本一の頂上をめざす登山者が全国から押し寄せる。

一九九三（平成五）年三月の環境庁の調査によると、山麓一帯には年間三千万人以上が訪れ、そのうち約四百万人が五合目まで行き、さらに約三十万人が頂上めざして登山している。頂上をめざす約三十万人のほとんどは夏山シーズンの二カ月に集中している。

最近の登山者は軽装で登山風景も変化してきた。

それでも、おおかたの登山者たちは白木でつくられた六角形の金剛杖《こんごうづえ》を手にし、

『六根清浄《ろっこんしょうじょう》、六根清浄……』

と唱えながら頂上をめざすのである。

六根というのは、「眼、鼻、耳、舌、身、意」という人間の知覚作用をつかさどる

六つの要素をさし、六根清浄というのは、それらの要素が引き起こす欲望を断《た》ち、心身ともに清浄になるように、という願いと誓いを込めたかけ声なのである。

現在、富士山の登山ルートは次の五つにわかれる。

①富士宮口ルート
②御殿場口ルート
③須走口ルート
④河口湖・吉田口ルート
⑤精進口ルート

各ルートにはそれぞれ特徴があり、それぞれの楽しみ方があるが、交通の便がよいうえに頂上への最短ルートということもあって、富士宮口からのルートが人気がある。なかにはその日のうちにいっきに頂上まで登ってしまう登山者もいるが、多くの登山者は七合目や八合目の山小屋に一泊し、翌未明、暗いうちに出発し、山頂で豪奢《ごうしゃ》な御来光《ごらいこう》を迎えるのである。

薄い闇の中で腰をおろし固唾《かたず》をのんで待つうち、視界一杯の雲海のはるか向こうが次第に白みはじめ、その白の中にぽつんと小さな赤い点が生まれる。新しい日の誕生の瞬間だ。

小さな赤い点は雲海を紅に染めつつ波紋のようにひろがり、それにつれて眩《まばゆ》い太陽がゆっくりと姿を現す。

暗かった空はいっきに明るさを増し、中天は藍色《あいいろ》を帯びはじめる。

「御来光だ！」

この瞬間を待っていた登山者の群れから歓声《かんせい》があがる。

思わず手を合わせる人、頭《こうべ》をたれる人、呆然《ぼうぜん》と立ちつくしたままの人……長く苦しい登りを耐えてきた登山者たちは、これまでのつらさを忘れ、自然が演出する荘厳《そうごん》な光と色彩のページェントを心ゆくまで満喫《まんきつ》するのだ。

だが、登山者のすべてがこの至福《しふく》を味わえるわけではない。

せっかく頂上に到達しても気象条件が悪く、御来光はおろかまったく視界が開けず、寒さにふるえながら下山しなければならないこともある。また、急な登りに音をあげたり高山病に苦しめられ、登頂を断念する人も多い。

登山者にとって富士山は遠目にみるほど容易な山ではないのである。

特に山頂付近の自然状況はきわめて過酷である。

まず、気圧が低い。山頂の気圧は平地の三分の二しかない。酸素の量も平地の三分の二しかなく、じっとしていても胸が締めつけられるような感じがする。少しでも身体を動かすと、すぐに息切れがして苦しくなる。

しかも、冬の間は山の様相が一変する。

特に山頂の冬は長くきびしい。

ここ三十年ほどの山頂の月別の日平均気温をみると、六月から九月までの四カ月間はかろうじて摂氏零度を超えているが、そのうちの六月と九月の日平均最低気温はいずれも零度以下である。日最低気温が零度より高いのは七月（二・〇度）と八月（三・三度）の二カ月だけで、おまけにその八月でさえ一九七二（昭和四十七）年八月二十五日には摂氏零下四・三度を記録している。（編注②　254ページ参照）

このように麓の感覚では一年中冬のような富士山頂だが、日平均気温が零下十度を下まわる十一月はじめから四月一杯までの六カ月が富士山頂の冬といってもいいのかもしれない。

冬季間の富士山は寒さだけではなく風にも苦しめられる。

平均風速が秒速十二〜十六メートル……強い風が上から吹きおろし、下から吹きあげ、左右から叩きつけ、時には渦を巻く。風は山肌についた堅い氷にへばりつこうとする新雪を根こそぎさらう。

細かな雪片は煙になって山肌を走る。

雪煙を巻きあげた風はその下の氷に吹きつけ、表面をてかてかに磨きあげる。

視界ゼロ……進むことも退《しりぞ》くこともできず、鏡面のような氷の上に立ちつくすところへ突風が襲う。アイゼンを思いきり踏み込み、ピッケルを突き立て、全身を屈して恐怖の瞬間に耐える。風に負けたらおしまいだ。風にあおられバランスをくずしたら、身体は木の葉のように舞いあがり、山肌の氷に叩きつけられる。

あとはあちこちの岩にぶつかりながらいっきに数百メートルの大滑落だ。

厳寒と烈風とアイスバーン……冬の富士山頂は気圧が低く動作がままならないうえに、きびしい自然が待ちうけ、めったなことでは人を寄せつけない。

七合八勺の小屋を出た並木は黙々と頂上をめざしていた。

ここから山頂までは約二時間のきつい登りだ。

先に出発した山野井の姿はもう見えない。

(これまで俺はいったい何回冬の富士山に登ったことになるんだろう?)

並木は考えた。

一カ月に三回、それを年に六カ月、それを二十一年……おまけにテレビの取材などで臨時に荷上げを手伝ったことも多い。ということになると、三×六=十八、それに二十一をかけて……並木は頭の中で計算をはじめたが、面倒くさくなってやめた。

(二人の息子も社会に出たし、ここらで俺も荷をおろし、山から引退したいもんだ)

並木は本気になってそう考えた。

強力引退……それは五十歳を過ぎた頃からたびたび考えていることだ。

精神力も体力も限界にきていることが自分でもわかる。これまではどうにかやってこられたが、これから先は自信がない。自分がいくら注意していても、突然、不可抗力の災禍《さいか》が襲う危険な世界だ。瞬間の判断を誤ったり、とっさに身体が反応できなかったら、まちがいなく命を落とすことになる。これまでやってこられたのも運がよかっただけだ。しかし、その幸運もいつまでつづくか。誰も保証してはくれない……そんなことを考えると、並木の不安はますます強くなる。だが、簡単に決断はできなかった。長年つづけてきた仕事への責任がある。後継者がいない。引退後にどうするかといった問題を解決できないまま、並木はずるずると日を重ねてきたのだ。

しかし、次男の俊次が社会に出た今年こそ潮時だと並木は考える。

（……われながら、よくやってきたもんだ）

そう心の中でつぶやいて、並木は苦笑した。

誰もほめてくれなくてもいい、富士山と格闘しながら男手一つで三人の子供を育て抜いた自分の二十一年の強力人生を、自分自身でほめてやりたい気がした。

一九六一（昭和三十六）年八月一日の富士山初登頂にはじまって、富士山で体験したさまざまな出来事がよみがえった。

滑落で殉職《じゅんしょく》した山頂測候所の若い職員のこと、死者十二人を出した落石の大惨事、瀕死《ひんし》の滑落者を救助したこともあったし、高校生の遭難者の遺体を収容したこともあった。

自分自身も重い荷を担いだまま突風に吹き飛ばされ、アイスバーンの上を五百メートルも滑り落ち、肋骨を四本折る重傷を負ったこともあった。

家庭的にもつらく苦しいことが多かった。

九合目の山小屋での妻・景子との出会いと結婚、三人の子供の誕生、文字どおり一姫二太郎に恵まれた。だが、ささやかな幸せを味わったのもつかの間、長女・裕子の網膜芽細胞腫《もうまくがさいぼうしゅ》の発病、両眼摘出《てきしゅつ》手術から失明にいたる長い闘病生活、看病疲れと生活苦による妻のうつ病と入院……そして、自殺。

（あの時はまいったなあ。裕子が九歳、崇は七歳、俊次なんか三歳になったばかりだったんだからなあ……）

妻の自殺は並木にとって最大の痛恨事《つうこんじ》だ。

いまでも予期せぬ時によみがえり、鋭く胸を刺すことがある。

（なにも死ぬことなんかなかったんだ。いままで生きていれば、少しはいい思いもさせてやれたのに……）

行きつく思いはいつも同じだ。

並木はそこまで考えると、腰を伸ばし大きく深呼吸をした。

ちょうど第一避難所だった。

避難所といっても簡単な造りだ。石を二メートル四方ほどのコの字型に積んだ空間が、七合八勺の避難小屋から頂上までの間に、第一から第五まで五カ所つくられているのだ。冬の間は雪に埋まってしまい風よけの役にもたたないが、いちおう五つの避難所を目印に並木は休憩をとるようにしていた。

それからあとも、各避難所で小休止をした。

あまり長く休むと身体も精神もゆるみ、かえって疲労感が増す。長年の体験で頃合《ころあい》はわかっている。

第五避難所でも、並木は背負子の紐《ひも》をゆるめ、石積みに身体をもたせかけたが、適当なところで切りあげ、

「さあ、いくぞ!」

と低く声に出して言うと、背負子の紐を締めなおして立ちあがった。

並木は慎重に歩を運んだ。

富士山は怖い山だ。いくらなれても油断はできない。

ようやく測候所が見えてきた。

一号舎の上には五メートルのパラボラアンテナを内蔵する球形の大きなドーム、その右に二階建ての二号舎がつづき、そのまた右に小さな三号舎が建っている。そして、その右には鉄骨で囲まれた地上観測用の観測塔が突き出ている。

(冬山らしい富士山はこれが最後かもしれない……)

四月中にあと二度の予定があるが、その頃は寒さもゆるみ、氷もとけて冬山ではなくなっているだろう。

並木は見なれた測候所の建物をじっくり眺めてからふり返り、視線を遠くに向けた。

相変わらず視界は雲にさえぎられていたが、その厚い雲に向かって、

「さらば、わが富士山……」

と心の中で叫んだ。

測候所に着いた並木が、入口の扉を開いて、

「おーい、着いたぞ！」

といつもどおり奥に向かって叫ぶと、

「ごくろーさん！」

「お疲れさん、待ってました」

という職員たちの元気な声が並木を迎えた。

「麓はそろそろ桜だぞ」

並木が言うと、炊事担当の職員が笑いながら近づいてきた。

「花より団子、みんなお待ちかねですよ。荷の中に今晩の寿司ネタが入ってるんですよ」

出迎えたほかの四人の顔からも笑みがこぼれた。

第二章

富士の見えない町

並木宗二郎は一九四〇（昭和十五）年一月二十九日、東京の台東区浅草田中町に生まれた。

潮《うしお》ゆたけき　海原に
桜と富士の　影織りて
世紀の文化　また新《あらた》
紀元は　二千六百年
ああ燦爛《さんらん》のこの国威《こくい》

時あたかも、紀元二千六百年……この年は『日本書紀』に書かれた神武天皇の即位から二千六百年にあたるというので、巷《ちまた》では桜と富士をよみ込んだこんな記念歌がうたわれていた。

父は直次郎、母はハル。六歳年上の姉・和子の次に兄の宗男が生まれたが、並木が誕生した時にはすでに病死していたので、実質的には長男のようなものだった。それどころか姉とは年齢がはなれているうえに、並木が小学校高学年になった頃、中学を卒業した姉はすぐに結婚して家を出てしまったので、まるで一人っ子のような育ち方をした。

父は電器商で自宅を店にしてラジオの修理などを細々とやっていた。母は理容師で秋葉原《あきはばら》の青果市場内にある散髪店につとめていた。

並木が生まれた紀元二千六百年というのは太平洋戦争に突入する前の年である。この年の七月二十二日に組閣した近衛文麿《このえふみまろ》内閣は「基本国策要綱」を決定し、「大東亜新秩序の建設」「国防国家の建設」「議会翼賛体制の確立」を定めた。すでにきな臭《くさ》い匂いが漂いはじめていたのである。

九月二十七日にはベルリンのヒトラー総統官邸で日独伊三国同盟が調印され、連合国との対立を深めていった。

このような情勢の下、陸海軍は具体的な戦争準備に入り、街には「ぜいたくは敵だ！」というポスターや看板が並び、絹織物、指輪、ネクタイなどの装飾品の製造が禁止され、生活用品などの販売も制限されるようになった。

翌一九四一（昭和十六）年十二月八日早朝、

「帝国陸海軍は本八日未明、西太平洋において、米英軍と戦闘状態に入れり……」

というあの大本営発表がラジオから流れた。ついに太平洋戦争に突入したのである。

それから終戦までの約三年九カ月、つまり並木の幼児期はまさに激戦の時代だった。しかし、彼が幼かったうえに、東京の空襲がはじまる前に、一家はそろって母の実家がある栃木の田舎に疎開したので、並木は戦争のおそろしさをほとんど覚えていない。

一家は戦争とは無縁のようなのんびりした疎開生活を栃木でおくっていたが、戦争の被害は並木家にもおよび、疎開中に浅草田中町の家は空襲で焼かれてしまった。

終戦は並木が五歳の時だった。

一家は東京に戻り葛飾区金町《かなまち》に住むことになった。

並木はその地で小学校、中学校へと通うことになるが、あたりは下町そのもので、矢切《やぎり》の渡し船が行き交う江戸川が近く、金町浄水場、後年映画『男はつらいよ』で有名になった柴又帝釈天などが幼少時代の遊び場だった。

並木の小・中学生時代は、終戦のどさくさと戦後のひもじさがつづく昭和二十年代とぴったり重なる。

一九四六（昭和二十一）年に葛飾区立末広小学校に入学し、一九五四（昭和二十九）年に葛飾区立新宿中学校を卒業した。バラックが立ち並ぶ街は雑然とし、つぎだらけの衣服をまとった人々の心はささくれだち、誰もがいつも飢えていた。

並木少年はいつも腹を空かせていた。

小学校低学年時代はスイトンやサツマイモの代用食は普通で、麦まじりのご飯は小学校高学年になってもつづいた。腹一杯とはいかないまでも、どうにか毎食白米が食べられるようになったのは中学に入ってからだった。

あたまを雲の上に出し
四方の山を見おろして
かみなりさまを下にきく
ふじは日本一の山

小学校に入ってまもなく『ふじの山』という唱歌を習い、自分でもうたった記憶があるが、並木が住む下町あたりから富士山を見た記憶はない。ただ、父に連れられていく銭湯の壁面には大きく富士山のペンキ絵が描かれていた。頂上付近に白雪をいただく富士山の前には青い海がひろがり、小さな帆かけ船が五艘《そう》浮かんでいた。そして、海の右側には枝ぶりのいい松林が描かれていた。

実物はもちろん、並木はまだ富士山の写真さえ見たことがなかったが、彼はその絵が好きだった。空や海の青があざやかだったし、松の濃い緑、そして雪や帆の白も好きな色だった。それよりなにより、富士山の形が並木の心をとらえた。

日本一高い山があんなになめらかな稜線《りょうせん》を持ち、みごとな円錐形《えんすいけい》をしているのが信じられなかった。

（いつか富士山に登ってみたいなあ……）

並木は湯につかりながらペンキ絵の富士山をながめ、ぼんやりとそんなことを考えた。そうしていると、いつのまにか学校で習った唱歌が口をついて出てくるのだった。

青ぞら高くそびえたち
からだに雪のきものきて
かすみのすそをとおくひく
ふじは日本一の山

並木は遊びの大好きな少年だった。

学校は休まずに通ったが、教室よりは校庭でのほうが元気があった。

放課後は急いで家に帰った。カバンを放りだすと、近所の友達と母艦、駆逐艦、潜水艦、水雷などとそれぞれが軍艦の名前をつけて遊ぶ一種の鬼ごっこを暗くなるまでやった。

並木だけでなく子供たちは、仲間を追って町内を走りまわるような時も、目はぬかりなく別のものをさがしていた。路地の隅やよその家の裏庭などに落ちている銅線や金属片を拾い集めようというのである。銅、真鍮《しんちゅう》、鉄、鉛などを集めて屑鉄屋に持っていくと、ちょっとした小遣いになるのだ。そうして得た小銭はすべて空腹を満たす買い食いに費《つい》やされた。

夏は江戸川での水浴びだった。

これにも飢えを癒《いや》すもうひとつのねらいがあった。

川への途中にある畑から、トマト、キュウリ、マクワウリなどを盗み、川の水に冷やして食べようというのである。子供たちにとってスイカがもっとも貴重な獲物だったが、スイカ畑は少なく、しかも番人がいて盗むのはむずかしかった。だが、トマトやキュウリならたいていどうにかなった。それさえ無理な時はナスをもいで、生のままかぶりついた。生のナスはトマトやキュウリほどうまくなかったが、ぜいたくは言っていられなかった。

柴又帝釈天の庚申《こうしん》の日の縁日の時には、近所の悪童連中と賽銭《さいせん》箱をあさったりしたこともあった。

そんなふうに空腹を満たすことだけを考えていたような少年時代だったが、一九五四（昭和二十九）年になると中学卒業の年になり、並木も将来の進路を考えねばならなくなった。

高校進学は最初から念頭になかった。映画が人一倍好きだったが、それが何かの職業に結びつくとは思えなかった。ほかにも、やりたい仕事は思い浮かばない。となれば、手っ取り早いのは親の職業を継ぐことだ。

電器店を戦災で焼かれてしまった父はもともと釣りが好きなので、自分の好きな道に進もうと考えたらしく、疎開から戻って二年間、小岩の釣竿師のところに弟子入りして修業し、その頃は「竿春《さおはる》」という銘の釣竿をつくっていた。とはいえ、なにしろあの時代、釣竿の注文がそれほどあるはずもなく、おまけに父は根っからの職人気質で気が向かなければ仕事をせず、仏頂面《ぶっちょうづら》で一日じゅう江戸川で釣糸を垂らしているような人だった。

そんな具合だから、一家の生活を支えているのは母だった。

母は東京に戻ってすぐ元の散髪店に復職し、秋葉原に通いはじめた。

朝早く出かけ、夜暗くなってから帰ってくる生活だったが、勤め先が青果市場の中にあるので、よく果物や野菜を持って帰ってきた。

なかでも、バナナは並木の大好物だった。

(世の中に、こんなうまいものがあるのか……)

母が持ってくるのは、売れ残って明日は売り物にならないという黒ずんだバナナだったが、当時バナナはめったに口にできない貴重品だった。並木はたまに母が持ち帰るバナナが待ち遠しくてならなかった。

父の跡を継ぐか？　母の道を進むか？

中学を卒業するにあたって、並木は自分の進むべき道を考えた。

釣竿師か？　理容師か？

二者択一ということになる。

考えるというほどもなく、結論はすぐに出た。

並木は母と同じ理容師になる道を選ぶことにしたのである。

釣りそのものが好きではなかったし、父の仕事ぶりを見ていると、釣竿師の仕事というのはむらがあり、自分の一生をかけるには不安があった。

それにくらべると母の仕事は地味だが、食いっぱぐれがなさそうだった。一人一人の頭を刈っていくらという仕事だから大儲《もう》けは望めないが、どんな時代になっても散髪という仕事はなくならない。資格を取って地道に勤めれば、いずれは独立して自分の店を持てるかもしれない。そう考えた並木は彼の性格そのものの堅実な道を選択したのだった。

現在の富士山は三つの段階を経てつくりあげられたという。

第一段階として、いまから約七十万年前、小御岳《こみたけ》火山が生まれ、その南に愛鷹《あしたか》火山が誕生し、さかんに噴火活動をつづけた。その後、噴火はおさまり長く平穏な時代がつづいた。

第二段階として、約八万年前、古富士火山が活動をはじめた。この噴火活動は多量の溶岩を四方へ流出し、その結果、現在の富士山の原形ができあがったのである。そして、いまから約五千年前、第三段階として古富士火山の山頂近くで噴火活動が再開され、現在、富士山と呼ばれている新富士火山が誕生したのである。

それ以後も富士山の噴火は活発にくり返されてきた。

有史時代に入ってからも噴火活動は衰えず、「三大噴火」といわれる八〇〇（延暦十九）年、八六四（貞観六）年、一七〇七（宝永四）年の大噴火を含め、富士山の噴火は合計十七回を数える。だが、一七〇七年から長い間噴火活動は途絶え、以来現在まで三〇〇年余も噴火が見られない。

それでは富士山の頂上に最初に登ったのはいったい誰なのだろう？

伝説めいた話だが、聖徳太子が富士山の初登頂者だという説がある。五九八（推古天皇六）年、馬体は黒、四脚は白のすばらしい甲斐駒《かいこま》が聖徳太子に献上されたという。

聖徳太子はその馬にまたがって一鞭《むち》入れた。すると、まわりの浮き雲が馬をつつみこんだ。そして、雲につつまれた馬は聖徳太子を乗せたまま東の空に消えていった。

三日後、戻ってきた聖徳太子は、

「雲につつまれて空を飛んだと思ったら、着いたのは富士山頂だった」

と言ったというのである。

これは藤原兼輔による『聖徳太子伝暦』に書かれている話だが、こんなところから最初に富士山の頂上をきわめたのは聖徳太子だという説が生まれたようだ。

また『日本霊異記』の中に「役小角《えんのおづぬ》」の富士登山のことが書かれている。

役小角は奈良時代の初期、大和国葛木《かつらぎ》郡茅原《ちはら》に生まれ、全国各地の山々を巡って修行した修験道《しゅげんどう》の開祖といわれる人物である。

彼は呪術《じゅじゅつ》を使って人をたぶらかしたというので伊豆大島に流罪になるのだが、『日本霊異記』では役小角のことが、

「時に、身は海の上に浮かびて、走ること陸をふむがごとし。体は万丈《ばんじょう》にうずくまりて、飛ぶこと鳳《おおとり》のごとし。昼は皇《おおきみ》の命にしたがいて、島にいて行う。夜は駿河《するが》にゆきて、富士の嶺にして修す」

と書かれている。

つまり、彼は海上を陸と同じように走ることができ、鳳凰《ほうおう》のように飛ぶことができた。そして、昼は勅命《ちょくめい》にしたがって島で修行し、夜になると島から海を渡って駿河の富士山に登って修行したというのだ。

時代的には役小角より聖徳太子のほうが古いということになるが、富士山初登頂の栄誉は聖徳太子説にしろ、役小角説にしろ、いずれも伝説で信ずるにたる根拠はきわ

めて薄いといっていい。したがって、伝説は伝説として楽しむほかなさそうだ。

一九五四（昭和二十九）年四月、中学校を卒業した並木は、理容師をめざして豊島区駒込の国際高等理容学校の夜間部に入学した。夜間部のほうが昼間部より月謝が安かったからである。そのかわり、昼間部は一年で卒業だったが、夜間部は卒業まで一年半の通学が必要だった。要領のいい並木は夜間部に籍をおきながら、実際は昼間部の授業に通い、一年で卒業してしまった。その学校が新設まもなくで、どさくさまぎれにそういうことも可能だったのである。

並木が理容学校を卒業した一九五五（昭和三十）年五月、富士山北麓《ほくろく》にあった米軍の北富士演習場ではげしい基地反対闘争が展開された。

五月十三日、デモ隊と警官隊が衝突し、十数人の負傷者を出した。

それでいったん収まったかに見えた反対闘争も、二十日に再燃、デモ隊は米軍キャンプ正門前で座り込み、一部はキャンプ内に突入した。しかもそこで逮捕された十九人を乗せたトラックが転倒し、下敷きになった警察署長が重傷を負い、ほかに十人以上の負傷者を出すことになったのである。

このように、富士の麓では、米軍基地返還をめぐるはげしい対立がくり返されていた。だが、並木はそんな世の中の動きを知らなかった。知っていたとしても、自分一人が生きるのに精一杯でそんな動きに関わっていられる状態ではなかった。

その年、並木は理容学校を卒業した。理容師の国家試験を受けるには一年の研修が必要だった。

並木は足立区の理髪店に住み込みで就職し、研修生活を送ることになった。研修生などと呼び名はしゃれていても、要は住み込みの見習い奉公である。

店の奥の三段ベッドに寝て、毎朝六時に起床する。

開店が朝八時。立ちづめで客のあるかぎり店を開けていて、ようやく夜十時過ぎに閉店しても、それから掃除などがあって、寝るのはいつも十二時過ぎだった。

月の休みは一日と十五日の二度で、月給は千円。遊ぶ時間がないから小遣いもさほどいらないが、月に千円ではどうにもならず、休みの日に家に帰り、母に小遣いをせびるような生活だった。

この頃、並木は初恋をした。

並木が住み込んだ店の二階には経営者の美容院があった。

初恋の相手はその美容院に勤める美容師の卵だった。

並木より一つ年下で明るく快活な女性だった。千葉県銚子出身の彼女は二階の店の奥に同僚たちと一緒に住み込んでいた。

仕事が終わった夜おそく、時々、彼女たちがうたう声が聞こえた。『この世の花』『ガード下の靴みがき』『りんどう峠』『別れの一本杉』といった流行歌だった。

歌が終わると、きまって笑い声がはじけた。

並木は二階から聞こえる歌声や笑い声に聞き耳をたてた。

彼女の声を聞きわけることはできなかったが、二階の歌声や笑い声を聞いているだけで幸せだった。

そのうち、どちらからともなく口をきくようになって、休みをうまく合わせて映画に行ったり、公園を歩いたり、食堂に入ってラーメンを食べたりした。まだ幼さを残したぎこちない交際だった。仕事はきつく待遇に不満はあったが、彼女と逢っていると、そんなことは忘れることができた。

　ある時、彼女が言った。

「並木さんの将来の夢は？」

「きまってるさ。自分の店を持つこと」

　並木は答えた。

「東京で？」

「ああ」

「夢かなうといいね」

「やるさ、絶対。あんたの夢は？」

「わからない。……私は女だからね」

「銚子へ帰るのか？」

「相手次第。……女だから」

　彼女はそう言って並木の目をみつめた。

　丸く大きな彼女の目は並木になにかを訴えかけているように見えた。

並木の胸は高なった。銚子へなんか帰るなよ、一階が理髪店、二階が美容院、いまいる店のようなのを俺と一緒にやろうよ……並木はそう言いたかった。しかし、そんなことを言う自信はなかった。まだ国家試験に合格しておらず、正式の理容師ですらない自分がそんな無責任なことは言えないと思った。

並木は無言のまま彼女の視線をそらした。

それは並木の初恋にきざした小さなかげりだった。しかし、もっと大きな障害が二人を襲った。

勤めてから一年八カ月後、並木は栄養失調で身体をこわし、医者から絶対安静を言い渡されてしまったのである。

それを機に店を辞め、実家に戻った並木は二カ月間自宅で静養することになった。

彼女と逢うのは自然と間遠《まどお》になった。その間に並木は国家試験を受けて合格し、晴れて理容師の資格を取得した。資格を取り健康も取り戻したが、店には戻らなかった。

彼女のことは気になったが、紹介してくれる人があって埼玉県戸田市の理髪店に勤めることになった。しかし、そこには数カ月しかいなかった。

その店には経営者が別にいて、店は先輩理容師と並木の二人にまかされていた。ところが、先輩が店の売上金をごまかしていたことが発覚して首になり、並木一人でやっていかなければならなくなった。だが、資格を取得したばかりでまだ半人前の並木にはとても店を一人で切り盛りしていく自信がなかった。好んで身にあまる苦労をすることはないと考え、さっさと店を辞めてしまったのである。

次に勤めたのは静岡県三島市の理髪店だった。

三島を選んだのに大した理由はなかった。

理容師には職場を斡旋《あっせん》する専門の紹介所があって、そこを訪れた並木に、

「若いんだから遠出してみる？　静岡の三島なんかどう？　あそこは冬でも暖かいし、富士山も見えていいとこだよ」

と紹介所の人がすすめてくれたのである。

並木は二十歳になったばかりで身軽な独り身、愛用のバリカンとカミソリを持って、紹介所の人にすすめられるままに三島へ向かったのである。

三島の理髪店に入った並木は、田子の浦の近くにある旭化成の工場内の支店に配属

された。

田子の浦からは晴れた日にはいつも富士山が望めた。

これが並木と富士山の出合いだった。

東京の下町の少年時代、銭湯で見たペンキ絵以来の富士山だった。はじめて見る富士山は、見る者にその人なりの感動を与えるはずだが、並木にはたいした感慨はなかった。

少年の日、いつか登ってみたいと思った富士山だったが、現実に見る富士山ははるか遠くにかすみ、並木の心に寄り添ってくることはなかった。曖昧《あいまい》なまま初恋の相手と別れ、東京を離れてきた並木にとって、視線を高くして富士山の偉容と正面から対峙してみる精神的余裕がなかったのだ。

並木は酒の味を覚え、麻雀のおもしろさを知った。

仕事が終わってから仲間と酒場にくり出し、ほろ酔い気分で麻雀卓を囲んだりした。大人の遊びに足を突っ込みはじめた並木はそちらのほうに気を取られ、朝に夕べに目に入る富士山は、少年の日に見たペンキ絵より軽い存在にすぎなかった。

第三章　はじめての富士登山

一九六〇（昭和三十五）年は、十年前の講和条約調印の際に結ばれた日米安全保障条約の改定の年にあたっていた。この年の前半は安保条約をめぐり世の中は大きくうねり、はげしく爆発していた。だが、並木はそんな動きには無関心だった。そんなことより自分の持つ理容師の資格と技術を少しでも高く買ってくれるところをさがしていた。そんな折も折、紹介してくれる人があって、並木は田子の浦の店を辞め、駿河小山の理髪店に移ることにした。わずかだが、待遇がよかったからだ。

本店は御殿場線の駿河小山駅の近くにあったが、そこには一泊しただけで、翌日にはバスに乗って駿東郡小山町須走にある陸上自衛隊富士学校に行くことになった。その学校内にある自衛官専用の支店で働くことになったのである。

バスは舗装もされていない田舎道を富士山に向かって進んだ。

（えらい田舎に来たなあ。こんなとこで大丈夫かな？　まあ、いいか、いざとなったら逃げて帰るさ……）

東京生まれで東京育ちの並木はバスのゆれに身をまかせ、そんなことを考えていた。

車窓に見え隠れしていた富士の姿は、バスが進むにつれ前方にたちふさがるように大きくなった。その時は意識しなかったが、東京から田子の浦、田子の浦から小山町須走と、引き寄せられるかのように富士に近づき、逃げ帰るどころか、その時からずっと富士の麓に住み、富士を眺め、富士と共に生きることになるのだが、二十歳の並木はそんな自分の人生を、その時はまだ夢想だにしなかった。

小山町須走は富士山の東麓《とうろく》の町である。

富士登山の須走口ルートの起点であり、金太郎伝説で有名な箱根外輪山の最高峰・金時山（一二一三メートル）、三国峠、足柄峠など富士山の眺望を楽しめる名所が近く、雄大な自然と変化に富んだ野鳥の囀《さえず》りが疲れた心身を癒《いや》してくれるところだ。

富士山はいつも目の前にあった。雲に隠れて姿を見せない日もあるが、そんな日でも灰色の雲の向こうにどっしりとした山の気配が感じられた。ここに住みはじめると、見える日も見えない日も一日として富士山の存在を意識せずにはいられなかった。

よく晴れて頂上まできれいに見えるような日、並木は目を細めて富士を仰ぎ、（やっぱり、富士山はすごいなあ。せっかく須走に来たんだから、ここにいるうちに

俺もいっぺん登ってみなきゃな）

と思うのだった。

だが、一般に富士登山ができるのは七月と八月の二カ月である。そうなると、店の休みは毎月一日と十五日の二日間だけだから、休みを利用して登るなら、一年間に四日しかチャンスがないということになる。しかも、余分に休みを取らないとすると、一日で登っておりてこなければならない。初登山にしてはそれは強行すぎる。そんなことで須走に来た年はとうとう富士登山の機会はめぐってこなかった。

並木がはじめて富士山に登ったのは、翌年の八月一日から二日にかけてである。須走に来て一年二カ月後のことだ。

店の女性従業員たちが相談して、富士登山を計画したのである。社長の娘も加わって、参加者五人は全員女性で、どういうわけか並木にも誘いがかかった。

八月一日の休日の朝、須走口から登って八合目の小屋に泊まり、二日の早朝に起きて頂上で御来光を拝んで帰ってこようという計画である。そのために、八月二日は全員休みをとった。

並木は気軽に誘いに乗った。

登山らしい登山ははじめてだったが不安はなかった。

女性たちとちょっとしたハイキングに出かける気分だった。

一日目、天気もよく、七合目の小屋・大陽館に着く頃まではみんな元気だった。そこでたっぷり休憩をとった。眼下に広がる眺望を楽しみ、若い女性グループらしく、おしゃべりがはずみ、笑い声もはじけた。だが、そこからが大変だった。あれほどはしゃいでいた女性たちの口数がめっきり減り、歩調に乱れが見えはじめた。そのうちに、立ち止まって荒い息をする者や頭痛を訴える者も出はじめた。

標高三〇〇〇メートルを過ぎ、女性たちに軽い高山病の症状が表れたのだ。だが、並木はその時はまだ高山病などというものがあることさえ知らなかった。

「大丈夫か？　八合目まではもう少しだからがんばれよ」

女性たちを励ましながらも、並木は彼女たちの苦しみが実感できなかった。

自分は少しも疲れていない。息苦しくもなく、もちろん頭痛など感じなかった。

並木は女性たちを言葉で励ますだけではなく、特に弱っている者の荷物を持ってやったりして、ようやくその夜泊まることになっている八合目の胸突江戸屋の小屋にたどり着いたのだった。

「ああ、苦しい。並木さんは見かけによらず強いのね」

「見なおしたわ。私なんか七合目を過ぎたら急に息苦しくなったけど、並木さんはそういうの全然感じないの?」

「息苦しいだけじゃなくて、私は足が棒になって、もう一歩も動けない感じ……。ありがとう。助かったわ」

小屋に着いてひと休みし、いくらか元気を取り戻した女性たちは口々に並木の強さをほめ、感謝の言葉を述べた。

並木は彼女らの言葉を、照れ臭そうに苦笑しながら受けた。しかし、並木は自分でも不思議だった。男としては小柄で、筋肉だってそんなについていない自分が、特別強靭《きょうじん》で登山に向いているとは思えなかった。だが、自分にさほど疲労感がないのも事実だった。

(いちおう、俺はこれでも男だからな)

少なくとも自分が五人の女性よりは強く、苦しんでいる彼女たちの力になれたことはたしかだった。

並木は悪い気はしなかった。

次の日は午前二時に起きて頂上をめざすことになっている。

また女性たちの面倒をみることになるのだから、少しでも眠らなければと思うが、とても眠れる状態ではなかった。

山小屋は混んでいて、各人が頭の向きと足の向きを交互にして、一枚の敷布団に三人も横になるという無茶苦茶な有様だった。しかも男女入りまじってだ。寝返りをうつどころか、脚を曲げたり、肩を動かすのさえためらわれた。気温はそんなに高くないのに、人いきれで不快な暑さがまといついてくる。首筋や脇の下に汗がにじむ。だが、両脇にぴったりくっついて人が寝ている。それが気になって手を伸ばすのがはばかられ、汗をふくこともできない。両脇の人たちも並木の存在を意識して控えめに身体をもぞもぞさせている。

(こんなことまでして、みんなはどうして富士山に登ろうとするのだろう?)

途中からの眺望《ちょうぼう》、変化に富む雲の動き、快く吹く風、そしてまれに姿を見せる可憐《かれん》な草花……たしかにそれらは並木の心をとらえた。だが、それらはこんな思いをしてまで味わう価値があるのか……並木は眠れないまま、そんなことを考えていた。

目を閉じてはいたものの、寝たという実感がないまま起こされた。そして、月光だけが照らす暗い道を懐中電灯を頼りに頂上に向かうことになった。

女性たちも眠れなかったらしい。

寝不足と疲労で女性たちは不機嫌そうに黙り込み、八合目の小屋を出発した。

彼女たちの足取りはすぐにあやしくなった。

「持ってやるよ」

「悪いわね」

「ほら、それも寄越《よこ》しな」

「大丈夫？　そんなに……」

並木は疲労がはげしい女性三人分の荷物を担いでやった。

（これじゃ、まるで女の子たちの強力じゃないか）

並木はぼやきたい気もしたが、なぜか気分は悪くなかった。

前夜、女性たちが言ったほめ言葉が並木の気持ちを奮い立たせていた。

寝不足なのに疲労感はなく、身体の動きも悪くなかった。もちろん、高山病の兆候などかけらも表れなかった。

（ひょっとしたら、俺は山登りに向いてるのかもしれないなあ）

並木は漠然《ばくぜん》とそんなことを思った。

富士山初登頂の時、頂上で見たはずの御来光や雲海のことを並木は覚えていない。同行の女性たちを励まして頂上にたどり着き、雲海の向こうから昇る御来光をまちがいなく見たはずなのに、その記憶が欠落しているのだ。何度見ても思わず両掌を合わせたくなるあの御来光の瞬間、それをはじめて目撃した時のことを並木は忘れてしまっているのである。

そのかわり三人の女性たちの荷物を担いでやったこと、もうこれ以上は駄目！　と頂上を目前にして座り込んでしまった社長の娘を、頂上まで背負ってやったことなどははっきり覚えている。

当時、並木は二十一歳……後年、働きざかりの大半を重い荷物を背負って富士山の強力として生きることになる並木らしい富士山初登頂の記憶である。

翌年からは夏になるとよく富士山に登るようになった。それも単なる遊びではなく、山小屋の荷物を運びあげるアルバイトとしてである。

誰言うとなく、並木の強靭《きょうじん》な足腰と忍耐力が知られるようになり、山小屋から荷物運びの依頼がくるようになったのだ。

富士山での仕事は魅力だった。きつい仕事だったが、並木は気にいっていた。三〇〇〇メートルくらいまでなら空気の稀薄さも気にならなかった。その頃はまだ名前を知らない長者ヶ岳、毛無山、雨ヶ岳、竜ヶ岳、烏帽子岳、三方分山、釈迦ヶ岳、五湖山、王岳、鬼ヶ岳、足和田山、石割山、角取山、明神岳、金時山、丸岳、神山、愛鷹山……など、ぐるりと富士山のまわりを囲む山々の眺望を楽しむことができた。

しかも山での日当は理容師のおよそ三倍になった。山小屋から声がかかると、並木は理髪店を休んで富士山に登った。とはいえ、富士山のアルバイトは夏の間の何日かだけのことで、本職としては相変わらず自衛隊富士学校で理容師の仕事をつづけていた。

富士山に初登頂したのは聖徳太子か役小角かという伝説は先に紹介したが、一一四九（久安五）年に駿河国の末代上人《まつだいしょうにん》が富士山頂に仏閣を建てたという記録があるから、この頃になると、かなり富士登山も行われていたらしい。

さらに時代が下って、織豊時代から江戸時代の初期、長谷川角行《はせがわかくぎょう》（一五四一～一六四六）によって富士講が開かれ、富士登山はさかんになった。

富士山を信仰の対象としてあがめる富士講の行者《ぎょうじゃ》たちは東日本の広い範囲に富士浅間神社を建て、自らは白装束《しろしょうぞく》を身につけて金剛杖をつき、「六根清浄」と唱えながら富士登山をした。

その頃から、富士吉田は浅間神社の門前町として栄え、富士登山者の集合地となった。

江戸時代には富士講を主とした登山者のために宿坊《しゅくぼう》や石室《いしむろ》もつくられたようだ。

富士山は日本を象徴する山にもかかわらず、外国人によって結界《けっかい》を解かれた山という側面を持っている。

昔から富士山は女人禁制の山として、女性の登山が禁じられていた。ところが、この禁を解くきっかけをつくったのは外国人女性だった。

一八六六（慶応二）年、イギリス公使パークス夫人が女性としてはじめて富士登山を敢行したのだ。それによって女性登山への道が開かれ、一八七二（明治五）年三月、太政官《だじょうかん》布告が出て女性の富士登山が許されることになったのである。

積雪期にはじめて富士登山をしたのも外国人だった。

一八七一（明治四）年、イギリス人中尉ベイヤードが日本人に先駆けて雪の富士山に登ったとされている。

日本の象徴とされる富士山だが、女人禁制を解いたり、冬山登山の先鞭《せんべん》をつけたのがいずれも外国人というのは皮肉なことだ。

では富士山頂での気象観測の歴史はどのようになっているのだろうか。

それは一八八〇（明治十三）年八月三～五日の三日間、東京帝国大学教授メンデンホールが地理局測量課の職員・中村精男、和田雄治、そして学生の隈本有尚、藤沢力と共に富士山頂で重力測定を行ったことにはじまる。

その後、一八八七（明治二十）年九月四〜六日、中央気象台のクニッピングと正戸豹之助が山頂で観測を行ったのにつづき、一八八九（明治二十二）年にも観測が行われた。そして、一八九五（明治二十八）年から一九一〇（明治四十三）年までの十五年間も毎年八月から九月の間、中央気象台によって久須志岳で観測がつづけられた。

観測者たちは久須志の山小屋に泊まって観測をつづけた。ただし、この間一九〇四（明治三十七）年と一九〇五（明治三十八）年の二年間は日露戦争のために観測を中断している。

これらはいずれも夏季間の観測の話だ。

はじめて冬季の富士山頂で気象観測に挑んだのはよく知られている野中到・千代子夫妻であった。

野中到は一八六七（慶応三）年、福岡県に生まれた。

最初は医者を志したが、「天気予報があたらないのは高層気象観測所がないからだ。

富士山頂に観測所をつくって一年じゅう観測をつづければ、天気予報は必ずあたるようになる。だが、国としてはいきなりあんな危険なところに観測所を建てることはできない。まず、民間人がその可能性を実証しなければならない」……そう考えた野中は独力で富士山頂に気象観測所を建てる決心をしたのである。

野中の妻・千代子も福岡県の生まれで、到とはいとこで幼馴染《おさななじ》みだった。一八九二（明治二十五）年、二人は結婚し、東京で所帯《しょたい》をかまえた。

三年後の一八九五（明治二十八）年二月十六日、野中は夢を実現する第一歩として、厳冬期の富士登山を日帰りでやりとげた。

冬季に富士山頂に立ったのは日本人としてははじめてのことだったが、野中のこの快挙は新聞で報じられることはなかった。

その頃はちょうど日清戦争の最中で、その戦況を報ずることに腐心していた新聞は野中の快挙に目が届かなかったのである。

その日、二歳の子供を背負った千代子は自宅近くの道灌山《どうかんやま》に登った。

道灌山は東京・荒川区の西日暮里《にしにっぽり》から北区の田端《たばた》につづく小高い丘陵で、かつて太田道灌の出城があったところである。

その日は快晴で道灌山からは富士山がくっきりと見えた。

千代子ははるかに富士山を望み、

（どうぞご無事で……）

と祈りつづけたのだった。

冬季の富士山頂を身をもって体験した野中は、これならやれる！　と確信した。そして、その年の夏、大工や石工や強力の協力のもと富士山頂の剣ヶ峰に個人資産を投じて観測所を建設したのである。

一八九五（明治二十八）年十月一日、野中は富士山頂にむけて出発した。

冬季間を通し、翌年の春まで気象観測をつづける覚悟だった。

十二日には夫の情熱に動かされた千代子が幼子を実家にあずけ、野中の弟の清、地元御殿場の協力者たちと共に野中の後を追った。夫のそばにいて手助けがしたいと考えたのだ。

千代子は股引《ももひ》きや肌襦袢《はだじゅばん》に真綿を入れ、その上に綿入れの着物、さらにその上に毛皮のついたラシャの外套《がいとう》を着た。靴には滑りどめの鋲《びょう》を打ちつけた。

千代子は寒さと風と薄い空気に苦しめられ、這《は》うようにして野中のいる剣ヶ峰の観測所にたどり着いた。

協力者たちはすぐに下山し、翌日には清も山をおりたが、千代子は残った。

「ここは女がいられるようなところではない」

野中はきつい言葉で妻の下山をうながした。

「女の私でもなにかお手伝いができるはずです」

千代子は最初の決心を曲げなかった。

こうして二人の富士山頂での生活がはじまった。

ストーブの火は二十四時間絶やすことができず、薄い空気の中で食事の支度をして、後片づけをし、便器の後始末をして、しかも二時間おきに観測をくり返す……これはとても一人でつづけられることではなかった。

二人はきびしい環境に耐え必死で観測をつづけた。

十一月になると、いっそう風が強くなり、寒さもきびしくなった。

零下二十度にさがる日もあって、粗末な造りの観測所は厚い氷に覆われ、ストーブを焚きつづけ、着込むだけ着込んでも耐えられない寒さだった。

そんな中で千代子は扁桃腺炎《へんとうせんえん》と重い脚気にかかり、野中は栄養失調と高熱に苦しめられた。寒さと高山病と栄養不良と睡眠不足……二人の体力は衰弱し限界に達していた。

十二月二十二日、二人の様子を心配した野中の弟の清が御殿場の協力者たちと共に観測所に登ってきて、弱りきった二人を発見した。

このままここにいたら、まちがいなく二人は死んでしまう……そう考えた清はさっそく救助隊を要請し、二人を下山させたのだった。

二人は救助隊員に背負われて無念の下山をした。

野中の冬季単独初登頂の時は冷たく無視した新聞も、この時は大きく紙面をさいて二人の壮挙を報道した。

冬季間を通しての観測という野中の計画は途中で挫折したものの、野中夫妻の執念はその後も引き継がれることになった。

一九三二（昭和七）年七月一日、富士山頂・東安河原に中央気象台臨時富士山頂観測所が設置され、ついに通年観測が開始されることになったのである。

これがその後の富士山頂観測所の起源とされる。

その後も富士山頂通年観測の重要性は年と共に深く認識されるようになり、一九三六（昭和十一）年には観測所が東安河原から剣ヶ峰に移設された。

戦中・戦後も地道に庁舎の新設・改築などを行って観測体制の整備をはかり、一九四九（昭和二十四）年六月には富士山観測所と改称し、翌年の六月一日には富士山測候所に昇格した。

並木が富士山初登山をした翌々年の一九六三（昭和三十八）年、富士山測候所にとって画期的な建設計画の実施が決定し、その工事がはじまった。

最大探知範囲八〇〇キロメートルという世界最大級の気象レーダーの設置と、富士山測候所のシンボルとなる円形のレーダードームの建設である。この気象レーダーは東京の気象庁から遠隔制御されるというもので、二年後の一九六五（昭和四十）年三月に完成し、正式に運転が開始された。

富士山頂で大きな工事が行われていたことや円形ドームがヘリコプターに吊るされて山頂に運ばれたことなどはおぼろげに覚えているが、この頃の並木はまだ富士山測候所とはつながりがなく、陸上自衛隊富士学校内の理髪店の理容師をやりながら、夏の間は富士山の山小屋にアルバイトに行くといった気ままな生活をつづけていた。

一九六八（昭和四十一）年三月四日、濃霧の羽田空港に着陸しようとしたカナダ航空のDC8型機が着陸に失敗し、防潮堤に激突して炎上した。この事故では日本人六人を含む六十四人が死亡した。

その翌日の三月五日、今度は英国のBOACボーイング707型機が富士山上空で空中分解し、墜落した。この事故では日本人十三人を含む百二十四人全員が死亡した。同機は富士山上空の乱気流に巻き込まれて空中分解したと推測されたが、改めて富士山の自然の不可解さと恐怖を知らしめたのだった。

並木にとってこの飛行機事故も忘れられないが、個人としてはその翌年の夏、九合目の山小屋で景子と運命的な出会いをしたことのほうが強烈な記憶として残っている。

その年、並木は夏の二カ月間、九合目の小屋でアルバイトをしていた。荷物運びではなく、九合目の小屋に泊まり込んでお土産品を売る仕事だ。理髪店の社長はいい顔をしなかったが、なにしろ実入りが三倍なのである。理容師が不足しているうえに、この収入のギャップを知っているから、社長も強いことは言えず、夏が終われば帰ってこいと言って、アルバイトを認めてくれた。

（かわいい女の子でも来ないかなあ……）

二十七歳、そろそろ結婚を意識しはじめていた並木は、九合目の小屋で仕事をしながらも若い女性登山客に目を光らせていたのである。

第四章

九合目の恋

富士山の朝は早い。

一九六七（昭和四十二）年八月のある早朝―。

いつもどおり早く起きた並木が九合目の山小屋の前に立つと、帯雲が二本、山頂を貫《つらぬ》くように流れているのが見えた。

帯雲は夏の早朝、富士山でよく見られる雲で、川の流れのような帯状の雲のことだ。朝日を下から受けた帯雲は黄金色に輝いていた。その色と輝きは朝日を受けてのものなのに、まるで雲そのものが発しているかのように鮮やかだった。

（きれいだなあ……）

並木はその雲の流れに沿ってゆっくり視線を動かし、しばらく立ちつくしていた。

これまでも帯雲は何度か見ているが、形の伸びやかさといい、色合いと輝きの強さといい、こんなに美しい帯雲を見るのははじめてだった。

（あんなにきれいな雲がでたんだから、今日はかわいい女の子が束になってやってくるかもしれんぞ）

並木は心の中でつぶやいた。

別に美しい雲がでない日でも、毎朝心の中でつぶやくのは同じことだった。若い独り身で、しかも長い間山小屋にいると、どうしても女性が恋しくなり、今日こそかわいい女の子に出会えますようにと期待してしまうのだ。

だから、若い女性客を前にすると、ついそわそわし、サービス過剰になる。

そんな並木をつかまえて、山小屋の親父さんは、

「山にいると、女を見る目が狂っちゃうから気をつけろ。山ではへたに女に惚《ほ》れちゃだめだぞ。誰でも美人に見えるからな」

と、ひやかした。

そんな時、並木は、

「親父さん、女は顔じゃない、心だよ」

と言い返すのだった。

その言葉には照れ隠しも含まれていたが、並木の本心でもあった。

並木は顔やスタイルはともかく、健康で気だてのいい働き者の女性を見つけ、そろそろ家庭を持ちたいと考えていた。

初恋の相手とは結局うまくいかなかった。

最初に勤めた店を病気で辞めてから、埼玉県の戸田、静岡県の三島、そして、ここ須走と移り住むことになったが、その間、曖昧なまま彼女との恋愛はつづいていた。手紙で連絡を取り合い、年に何度かはおたがいを訪ね合う形でデートを重ねていた。しかし、年々、手紙の数が減り、二人が逢う回数も少なくなっていった。そして、二年ほど前、須走に現れた彼女は並木に最終回答を迫ったのだった。

並木は結婚してもいいから、彼女に須走にくるように言った。彼女は田舎生活に自信が持てないといい、結婚して東京で暮らすことを主張した。

二人の食い違いはたったそれだけのことだったが、それだけの違いを譲《ゆず》ることがどちらにもできなかった。それだけの縺《もつ》れを解く情熱が二人の間には残っていなかった。

「仕方ないわ。あなたは私より富士山のほうがいいのね」

「そんなわけじゃないよ」

「私と東京に住むより、ここで富士山を眺めているほうがいいのよ」

「……幸せにな」

ローソクの炎が燃えつきるように、並木の初恋は終わったのだった。

（あれから、二年か……）

美しい帯雲を眺めていると、センチな気分に引き込まれそうだった。だが、そんな感傷にひたってはいられない。これから頂上をめざす登山者や御来光を拝んで下山する人たちを相手に商売をしなければならない。

並木が働いている九合目の小屋は富士山の土産品を売る売店である。並木はほかの何人かのアルバイトと一緒に一日中大声を出して、金剛杖や木彫りの富士山やキーホルダーや絵葉書など、土産品を売るのだ。

並木は朝食をすませて店に立った。

なんといっても一番の人気は金剛杖に押す焼印だ。

杖そのものはもっと下のほうの小屋で買ってしまい、頂上に近いこんなところで買う客はほとんどいない。だが、九合目を踏破したことを記念するために押す『富士山九合目　三千六百米』という焼印は人気があり、ほとんどの通過者が客になった。炭火の中に突っ込んでおいた焼印を六角形の杖の一面に押しあてるのだが、当時でひと押し二十円、それを忙しい日は一日に何千本も押す。この焼印が並木が働く九合目の小屋の稼ぎ頭だった。

「ほーら、九合目の焼印だよ！　押していけば記念になるよ！　厄除《やくよ》け、事故防止のお守りにもなるよ！　ほかにもお土産が一杯あるからのぞいていってよ！　ここで買っていかないと損をするよ！　頂上は高さも高いけど、値段も高いよ！」

並木は口からでまかせに叫んだ。

こういう威勢のいい啖呵売《たんかばい》が並木は嫌いではなかった。

下町育ちの血がさわぐのだ。柴又帝釈天の縁日のガマの油売りの口上《こうじょう》を思いだし、並木は得意だった。

太陽がすっかり昇り、御来光を拝むには遅く、下山するには早すぎる……つまり、九合目付近の登山者や下山者の流れが少なくなったちょうどその時、並木は四人連れの女性がゆっくりとこちらに向かって登ってくるのに気がついた。

山の朝の空には

白い雲が小さく
流れて消える

森の中は静かで
鳥のかげが青葉の
梢《こずえ》にうごく

女性たちは声を合わせ小声でうたっていた。

並木の聞いたことのない歌だったが、それはクララ・シューマンが作曲したといわれる『山の朝』という歌だった。

彼女たちは七合目か八合目の小屋に泊まったのだろう。頂上で御来光を拝むつもりだったのに出発が遅れてしまったにちがいない。

「寝過ごしたのか？」

並木は彼女たちに声をかけた。

「一人、高山病にやられたものですから……」

先頭にやってきた女性がうしろをふり返ってから言った。

並木はすばやく四人に観察の目を走らせた。

四人とも二十代の前半か……全員が疲労しているようだったが、なかでも最後尾の一人が特に弱っている。

「ゆっくりしていきな。御来光をはずしちゃったら、急ぐことないよ」

女性たちは並木の言葉にうなずき、小屋の前の長椅子に座り込んだ。

並木は四人のためにお茶をだしてやった。

並木が時としてみせる下心《したごころ》ありの過剰サービスだ。

女性たちはお茶をうまそうに飲み、いくぶん元気を取り戻したようだった。だが、高山病にかかったという一人だけは元気がなかった。

ふっくらした顔で小太り、いかにも山好きで健康そうなのに、彼女の顔は青ざめ、息づかいも荒い。山で見ても、決して美人というタイプではなかったが、並木は彼女のことが妙に気になった。

それから四人はしばらく話し合っていた。せっかくここまで来たのだから、高山病の彼女も一緒に頂上まで行こうということになったらしい。

「じゃ、帰りにまた寄ります」

そんな声を残して女性たちは出発しようとした。

だが、高山病の彼女はどうみてもこれ以上の登山は無理なように見えた。

「無理だよ、あんたは。ここで待っていたほうがいいよ」

並木は言った。

本人もそれはわかっているらしく、

「そうね。私はみんながおりてくるまでここで待ってる」

と言った。

それが後に並木の妻になる景子だった。

友達三人が、「できるだけ早く戻ってくるからね」と声をかけて出発するのを、力ない笑顔で見送った景子は長椅子に座り、ぼんやりと三人の後姿を眺めていた。

並木は缶ジュースを手に景子に近づいた。これも彼得意の過剰サービスだ。

「どこから来たんだ？　飲めよ」

「ありがとう。……川口」

景子はぴょこんと頭をさげた。

「川口って、埼玉県のか？」

「そう」

「俺も埼玉県の戸田にいたことがあるんだ。ほんの数カ月だけどな」

「そう」

「川口で何してんだ？」

「美容師」

「へえ、美容師か！　じゃ、仲間みたいなもんだな。俺、本職は散髪屋なんだ。麓の自衛隊の散髪店で働いてるんだ。夏の間は山小屋でアルバイトしてるけどな」

並木はそう言うと、『富士山指導員　並木宗二郎』と刷りこんだ名刺を景子に差しだした。富士山指導員という肩書は自分勝手にでっちあげたものだが、住所は間借りしている須走の部屋が刷り込んである。

「名前は？」

「山田」

「下は？」

「景子」

「山田景子か……いくつだ？」

「そこまで聞くの？」

「いいだろ。俺は二十七」

「……私は二十四歳」

「あっ、そう。生まれも川口か？」

「ううん、信州……安曇野《あずみの》、山がきれいなとこ、知ってる？」

「いや、行ったことない。でも穂高とか山に囲まれてるとこだろ。そのくせ、山に弱いんだな」

「見てるのと、登るのはちがうもの」

景子はそう言って微笑した。

体調が悪いこともあって、景子は口数が少なかったが、並木に悪い印象は抱いていないようだった。その証拠に、並木が差し出した名刺をシャツのポケットにしまい、並木が持っていったメモ用紙に、自分が住み込んでいる美容院の住所と電話番号を書いてくれた。

そんな景子に並木は好感を抱いた。景子は並木より三歳下には見えない童顔で、張りのある頬とよく動く目に愛嬌《あいきょう》があった。小柄だが肉づきのいい体形も並木の好みだった。そして、おっとりした物腰と口ぶりがいかにも純朴な人柄を表していた。

焼印を押したり、客の相手をしなければならないから、ずっと景子の側にくっついているわけにはいかなかったが、並木は仕事の手がすくと景子のところにいって話しかけた。

「退屈か？　もうすぐ友達が戻ってくるよ」

「……私も頂上まで行きたかった」

「無理だよ。ここからまだだいぶんあるんだぞ。けっこう急だしな」

「でもせっかく、ここまで来たんだから……」

景子はいくぶん甘えたように言った。

「今度来たら、俺がおぶって頂上へ連れていってやるよ」

並木はそういって景子に笑いかけた。

売店で客の相手をしているような時も、しょっちゅう景子のほうに視線を向けた。視線が合うと、二人はどちらからともなく笑い合った。

山小屋の親父さんが言うように、山というのは女性に対する審美眼を狂わせるだけでなく、人の心と心を寄り添わせるうえでも不思議な力を発揮するのかもしれない。短時間の出会いだったが、そんなふうにして並木と景子は急速にうちとけていったのだった。

正午過ぎに友達三人が小屋に戻ってきた。

彼女たちはそこで昼食のおにぎりを食べると下山することになった。

「手紙書くから返事くれよな」

別れ際に、並木は景子の耳元でささやいた。

景子は無言でうなずいた。

岩かげ静もり
暮れゆく山の端《は》
きらめく星かげ

夜霧は沈みぬ
更けゆく谷間に
小屋の灯またたく

かなり元気を取り戻した景子は友達三人と一緒に輪唱しながら山をおりていった。それも並木の知らない『山の夕暮れ』という歌だった。

(やっぱり、今日はいいことがあったじゃないか……)

並木は早朝に見た鮮やかな帯雲に感謝したいような気持ちで、景子たちの姿が見えなくなるまで小屋の前に立っていた。

八月末に山をおりると、並木は約束どおり景子に葉書を書いた。山中湖から富士山を望む写真の絵葉書だった。文面は二カ月ぶりに山をおりたこと、いつでも遊びにくるようにという簡単な文面だった。

景子からすぐ返事がきた。

いかにも若い女性らしく、小ぶりの封筒に淡い桃色の罫《けい》の便箋……それには繊細な細い文字で、山小屋で親切にしてくれたことへのお礼が記され、そのうち休みの日に友達を誘って遊びに行く、といったん結ばれていた。そして、自分一人が頂上までいけなかったのがよほど悔しかったのか、追伸として、「今度来たら、俺がおぶって頂上へ連れていってやるよ、と言ったのは本当でしょうね？　私はおぶさってでも、一度は富士山の頂上へ登ってみたいのです」と書かれていた。

それを読んで、並木は苦笑した。

おっとりした性格に見えた景子の中に、思わぬ負けん気がひそんでいるのを知ってほほえましかったのである。

その秋の休日、友達二人を誘って、景子は須走の並木を訪ねてきた。

最初の訪問こそ三人だったが、その次からは景子一人になり、年が明けてからは、景子が須走へ来る頻度《ひんど》が増した。そして帰したくない、帰りたくないというおたがいの気持ちが高まり、時には景子が並木の部屋に泊まっていくようになった。

「ここで景子と富士山を眺めて暮らしていくのも悪くないな」

「じゃ、そうする？」

「うん。それにおまえをおぶってでも富士山の頂上に連れていってやらなきゃなんないからな」

「忘れないでね、約束してね」

出会ってから約一年八カ月後の一九六九（昭和四十四）年四月二日、結婚式こそあげなかったが、並木が安曇野に行き、景子の両親に許しを得て二人は結婚した。

並木が二十九歳、景子は二十六歳だった。

四月に結婚して、その年の十二月十九日には長女の裕子が生まれた。丸々太った元気な赤ん坊だった。

二年後の十一月七日には長男の崇が生まれた。裕子は母親似だったが、崇は並木によく似ていた。

そのように、結婚して三度の夏を迎え送ったが、富士山の頂上に立つという景子の夢は実現しないままだった。しかし、景子にはなんの不足もなかった。

二人の子供に恵まれたうえに、夫は家族思いで子煩悩《こぼんのう》。経済的に豊かではないが、夫が理容師としての勤めを地道につづけてくれているから生活の心配はない。

景子は毎日富士を眺めながら、

「もう少し子供たちが大きくなったら、みんなでそろって富士山に登りましょ。私はそれまでがまんするわ」

と心の中でつぶやき、ささやかな幸せを実感していた。

夕方、テレビでアニメ番組の『あしたのジョー』がはじまるちょっと前になると、毎日、景子は裕子の手を引き、崇を抱っこして家の前に出る。

「さあ、そろそろお父さんが帰ってくるよ」

そう言う間もなく、道の向こうに夫が姿を現す。

「おー、裕子、崇！」

遠くから両手をあげ、大声で呼びかけながら、はずむような足取りで夫が近づいてくる。裕子が、

「おとうさーん」

と甘えた声をだし、父親のほうに駆けだす。

崇も父親の姿を見つけ、意味は不明だが、まちがいなく喜びの叫び声をあげる。

「あぶないぞ、裕子！　つまずくなよ！」

夫はそう言いながら走ってきて、小さな娘の身体を両腕の中に抱きとめる。そして、娘を左腕で抱え、頬ずりしながら景子の側までやってくると、あいている右腕で景子から崇を受け取り、

「いい子にしてたか……さあ、みんな一緒に『あしたのジョー』を見ような」

と言いながら満面に笑みを浮かべる。

そんな三人の姿を存分に楽しんでから、景子は満ちたりた気持ちで夕食の支度にかかるのだった。

夕食の支度をする景子の背後ではいつも、居間のテレビの前ではしゃぎ合う夫と二人の子供の声が聞こえていた。

崇を膝に抱き、『あしたのジョー』を見ながら、並木が、

「おとうさん、あの人、強い？」

「あの人、泣いてるの？　笑ってるの？」

「あっ、倒れた！　死んじゃったの？」

などという裕子の質問に答えたりしている時、台所からはまな板を叩く包丁の音が聞こえ、うまそうに煮物がにえる匂いが漂ってくるのだった。

「いつになったら、独立して店を持てるかなあ」

夜、子供たちが寝て二人だけの時、並木は大好きな日本酒の寝酒を楽しみながらよくそんな話をした。

「あせらなくてもいいわよ。私はいまのままで十分幸せだから」

「でも、店を持てば二人一緒に働けるだろ」

「まだもう少し先のことよ。せめて崇が幼稚園に行くくらいにならないと、私が働く

のは無理だからね」

「そうだな。あと四、五年後か……」

「それまで倹約して、せっせと貯金するわ」

「俺もがんばって残業でもやるか」

「あせって、無理しないでね。それより、今度の休みに、みんな一緒に山中湖に出かけてみようよ」

二人の夜はいつもそんな話がはずんだ。しかし、そんな幸せは長くはつづかなかった。

裕子が三歳になろうとする頃、目に異常が現れたのである。

涙があふれ、裕子はうっとうしそうにそれをこする。眼科医に診せても原因がはっきりせず、目を洗ったり、目薬をさしたりしても効果はなかった。

「なにか悪い病気じゃないかしら?」

「馬鹿いえ！　裕子にかぎってそんなことがあるか！」

強がりを言ってみるが、並木も景子と同じように真っ黒な雲が胸一杯に広がるような不安を感じるのだった。

第五章

長女の発病

「裕子ちゃんの目、ちょっとおかしいんじゃない？　一度大きな病院で診てもらったほうがいいと思うよ」

大病院で裕子の目の検診をすすめてくれたのは、久しぶりに遊びに来た姉・和子の息子、つまり、並木の甥《おい》だった。

幼い裕子は自分から痛みを訴えたり、目の異常を告げることはなかった。だが、人形を相手に一人遊びをしているような時でも、涙が出て目からあふれそうになると、しきりにまばたきをし、小さな手の甲で目をこすった。

それに気づいた並木か景子が、タオルで目をふいてやり、

「裕子、おめめ、痛くない？」

とたずねると、一瞬、自分でも目の具合をたしかめるようにまばたきをし、

「うん」

と答え、なにごともなかったかのように人形遊びに戻るのだった。

たいていはその程度でおさまった。だが、それ以上に症状がひどく、涙目がおさまらない時には近くの眼科医院に連れていって診察を受け、治療を受けてきた。

医者はそのたびに目を洗い、日に何度かさすようにと言って目薬をくれた。しかし、目薬の効果は表れない。いったんおさまったように見えても、また突然、同じような症状が表れるのだった。

「大丈夫ですか？　先生、悪い病気じゃないんでしょうね」

と心配してたずねると、

「風邪のウイルスでも目に入ったのかなあ……」

眼科医は首をかしげ、そんなことを呟《つぶや》きながら、これまでと同じように目を洗い、目薬を換えてくれる。だが、それも効き目がなかった。

そんなことのくり返しで、並木も景子も不安になっていた矢先だった。

「これは普通じゃないよ。よく見ると、裕子ちゃんの目は両方とも斜視みたいに動くことがあるし、黒目のところが白く光って見えたりするよ」

甥は並木と景子を交互に見つめ、きっぱりと言った。

言われてみればそのとおりだ。涙目だけではなく、並木も景子も裕子の目の異常に気づき、気にしていたのだ。なにか悪い病気ではないか……そう思いながら、突きつめるのがおそろしくて、おたがいできるだけ口に出さないようにしていたが、二人はいつもその不安にさいなまれていたのだ。だが、ちゃんと眼科医に診せている。医者の指示にしたがって治療もしているのだ。だから、取り越し苦労だ、たいしたことはない、いまによくなる、と希望的に考えていたのだ。

甥に指摘されて決心がついた。もう躊躇している場合ではない。

翌日、並木と景子は裕子を沼津市立病院に連れていった。

一九七二(昭和四十七)年の秋、裕子が三歳になる直前のことだった。

入院して検査した結果、裕子の病気は網膜芽細胞腫《もうまくがさいぼうしゅ》と判明した。

これは目の網膜にできる悪性の腫瘍、つまり、がんである。この病気は小児がんのうちでは白血病、脳腫瘍、神経芽腫についで多く、早期に発見し適切な治療を行えばいいが、発見が遅れると、脳または全身に転移して死にいたるおそろしい病気である。

初期の場合は放射線照射や光凝固によって腫瘍を破壊し、眼球を摘出しないで視力を残す治療も可能だが、進行している場合には手術によって眼球を摘出する以外ない。

裕子の場合どの程度進行しているのか……祈るような気持ちで医者の判断がくだる

のを待った。

「まさか、手遅れということはないわね」

景子の声は震え、目は潤んでいる。

「大丈夫だ。これまでだって医者に診せてきたんだから」

並木の声も震えている。

「裕子の目が見えなくなるなんてことはないわね」

「あたりまえだ！」

「もし、そんなことになったら、どうしよう……」

景子の目から涙があふれはじめた。

「そんなこと考えるな！　大丈夫だって言ってるだろ」

並木はきつい言葉で景子をたしなめた。

だが、医者の告知は残酷なものだった。

もっと早く発見できていれば眼球を摘出せずにすんだかもしれない。しかし、いまとなってはそれは無理。とりあえず左目を摘出し、経過を見たい。他の治療効果が出れば右目を救うことができるかもしれないが、経過が思わしくなければ右目の摘出もやむを得ないというのだ。

並木も景子も目の前が真っ暗になり、まともに立っていられないほどの衝撃を受けた。

景子は全身をぶるぶると震わせ、両腕で並木の右腕にしがみついた。

並木はくずおれそうになる自分の気持ちを必死に支え、

「命は……そっちのほうは……大丈夫なんですね」

と医者に向かって言った。

医者はそれには力強くうなずき、

「われわれも最善をつくします……」

と言ってから、さらに残酷な告知を重ねた。

ここまで進行していると、手術が成功しても平衡感覚がそこなわれ、歩くことができなくなる可能性があるというのだ。つまり、命はとりとめるとしても、全盲で歩行不能の状態になることを覚悟してくれというのである。

「……どうして！」

景子が悲痛な叫び声をあげた。

並木も叫びたい気持ちだった。

（どうして、あんな幼い子をそこまで苦しめるんだ！　裕子がなにか悪いことをしたというのか？　俺たち夫婦がこんな目に遭うほど悪いことをしたというのか？　どうして、俺たちばかりをこんなに苦しめるんだ！）

得体のしれない憤怒《ふんぬ》が胸の中で爆発した。しかし、その怒りはどこにもぶつけようがなかった。

（ああ、この世には、神も仏もないのか……）

並木は底知れぬ絶望感にとらえられた。

景子は茫然自失《ぼうぜんじしつ》……声を抑えて泣きつづけていた。

裕子は沼津市立病院に入院し、長い闘病生活に入った。

幼い重病患者には母親の看護が不可欠だ。景子は一歳になったばかりの崇を家に残し、裕子につき添うため病院に泊まり込むことになった。

裕子の闘病は一時帰宅の時期も含めそれから二年半におよんだが、入院している時はもちろん、一時帰宅を許されているような時も妻の景子は裕子にかかりっきりだった。だから、赤ん坊の崇の面倒は並木がみなければならなかった。

入院中は特に大変だった。昼夜を問わず日に何度も湯をわかしてミルクを作り、あやしながらそれを飲ませ、これまたひっきりなしにおむつを取り換え、風呂にも入れる。おむつの洗濯も毎日欠かさずやらねばならない。それでも赤ん坊がおとなしく寝てくれればまだいい。母親が恋しいのか、どこか具合でも悪いのか、いつまでもぐずって寝つかず、ようやく眠ったと思ったらすぐに目覚め、はげしい夜泣きをくり返す夜などは、自分の眠たさなど吹き飛んで、息子の不憫《ふびん》さとわが身の無力を噛《か》みしめ、息子と一緒に泣きだしたい気分におちいったものだった。しかし、つらいのは自分だけではないことを並木はわかっていた。

入院してしばらくして行われた左目の摘出手術、それから約一年後に行われた右目の摘出手術……痛々しい二度の手術を経て裕子は両目を失ってしまった。幼くして光を失ってしまった娘のことを思うと、わが身の不幸を嘆いてなどいられなかった。

そんな娘の手となり足となり、心も一緒にして苦しみに耐えている妻のことを思うと、弱音を吐いてなどいられなかった。

(こんなことに負けてたまるか……。なあ、崇)

並木は崇を抱き締めて、唇を噛むのだった。


並木は裕子を見舞った時はいつも病院の屋上にのぼってみた。

沼津市立病院の屋上からは、愛鷹山の向こうに富士山がくっきりと望めた。

麓が春から初夏を迎えても、富士は純白の残雪を光らせていた。

おびただしい登山者を迎えるため、ほんの短い盛夏の間だけ富士は白い衣装を脱ぐ。

しかし、荒々しい地肌をさらすのもつかの間、麓の木々が紅葉する前に、再び山頂付近から白色に包まれ、その白は厚みを増しながらどんどん下へおりてきて、めったなことでは人を寄せつけない長くきびしい季節を迎えるのだ。

富士は並木家を襲った不幸になどまったく関知しないとばかりに、その美しい姿に少しの揺るぎも見せなかった。

（おい、富士山よ、なんとかしてくれよ）

並木は富士に向かってわが身の不幸をぼやきたい気分だった。

それは景子も同じだった。いや、内省的傾向の強い景子は並木以上に落ち込んでいるように見えた。自分に降りかかった不幸をぼやくより、自分の非を責め、苦しんでいた。

「裕子にすまないことをしたわ。あやまって許されることじゃないけれど……」

「なにを言うんだ。病気なんだから仕方なかったんだ」

「もっと早く気づいてやるべきだったのよ」

「ちゃんと医者にも診せていたじゃないか」

「でも……」

「運が悪かったんだ」

「いくら悔やんでも、悔やみ切れないわ」

「あまり自分を責めるなよ。おまえが悪いんじゃないんだから」

「いえ、やはり、私がうかつだったのよ」

「そうじゃない。それを言うなら、俺だって同じことだ」

「私……母親失格よ」

最後はいつもそう言って、景子は涙を流すのだった。

並木自身もまいっていたが、それ以上に景子の精神的落ち込みが心配だった。

経済的にもたいへんだった。

やがて店つきの家を建てたいと思って、こつこつと積み立ててきたささやかな蓄えはすぐに底をついた。

裕子の医療費は難病の指定を受けることになったが、病院と家との二重生活はなにかとものいりだった。赤ん坊の面倒をみなければならない並木はどうしても欠勤が増え、それが収入にひびいた。とはいえ、崇は保育所に預けるには幼すぎるし、多額の金を支払うならともかく、親でさえ手にあまる一歳そこその赤ん坊を、並木が負担できるほどの金で面倒をみてくれる奇特な人はみつからなかった。

万策つきた並木は一年間を限って生活保護を受け、その間になんとかこの窮状を打開しようと考えた。

打開策としてまず考えたのは、現状にあった仕事を探すことだった。

第一の条件は拘束時間が短く、その時間もできるだけ自分で管理できることだ。しかも限られた時間内でできるだけ高給を得たい。この条件が満たされるなら、他のことはたいてい我慢できる。きつい、汚いはもちろん、少々危険でも並木は我慢するつもりだった。

そんな時、富士山では麓から山頂の測候所までの送電線の更新工事がはじまっていた。

それまでの送電線は一九四四（昭和十九）年に敷設されたもので、老朽化していたうえに、山頂測候所の改築工事が進み、電力使用量はこれまでの倍以上になっていた。

雪を溶かして水をつくるための電気ヒーター、空調器の熱源になる電気ヒーター、暖房用の電気ストーブ、それにレーダー、通信機、気象観測機器なども相当量の電気を必要とする。そのため、一九七二年と七三（昭和四十七と四十八）年の二年間で送電線を更新しようというのである。

並木はその仕事に目をつけた。きつく、汚く、危険……まさに３Ｋそのもののような仕事だったが、それだけに常時人手不足で、比較的時間が自由で高給という並木の求める条件を満たしてくれそうだった。

山小屋のアルバイトで知り合った人を通して打診してみると、予想どおり、働く日数や時間はそちらにまかせるから明日からでも来てほしいということだった。

並木は理容師の勤めをやめ、時間をやりくりして、送電線工事の現場で働くことにした。下のほうの工事はすでに終わっていて、並木が働きはじめた時は五合五勺から山頂まで地下ケーブルを埋設する時期に入っていた。

雪崩《なだれ》に流されないため一・五メートルの溝を五合五勺から山頂まで掘り、その中に電線三本がはいったケーブルを埋めていくのである。溝掘りやケーブルの運搬にはブルドーザーが使われたが、高所での肉体労働は想像以上にきつかった。

並木はこれまでも何年か山小屋で働き、富士山のことは多少わかっているつもりだったが、山小屋に寝泊まりして、口からでまかせを並べて土産物を売りつけるのと、スコップで溝を整えたり、重いケーブルをさばいたりするのとではわけがちがう。しかし、並木は歯を食いしばってつらさに耐えた。そうする以外に生き抜く術《すべ》がなかった。

看病疲れと精神的重圧に押しつぶされそうになっている妻、ほとんど世の中の何も見ないうちに完全に光を失ってしまった娘、そして、まだ歩くこともできない赤ん坊なのにたった一人で家に寝かされている息子……並木が家族のためにしてやれることは、がむしゃらに働くことだった。働いて働いて少しでも金を稼ぎ、一日も早く生活保護を返上し、以前のように生活を安定させたい。そうすることが、妻の心を奮い立たせ、娘に生きる勇気をもたらす道だと並木は信じた。そう信ずる以外、自分自身を鼓舞《こぶ》し、つらい富士山での肉体労働に耐える意欲がわいてこなかった。


退院してきた裕子が部屋の真ん中に、一人ぽつんと座っている。

発病から二年余……裕子は五歳になった。

丸々と肥り、肌もつやつやして一見健康そうだが、膝をくずして横座りし、両手をだらりと前に垂らしたまま動こうとしない。

並木は背後から裕子を見つめていた。

裕子のかたわらには大きなミッキーマウスの縫いぐるみがおいてある。

それは入院中に姉の和子が買ってくれたもので裕子より大きいほどだ。自分の目でミッキーマウスの顔かたちを見ることはできないが、裕子はそのぬいぐるみが大好きだった。入退院の時もそれを抱き、病院のベッドでも離そうとしなかった。だが、裕子はいま、それに手を伸ばそうとしない。

並木は静かに裕子の正面にまわった。

裕子の表情は動かない。

幼女らしく頬がふくらみ、唇に赤みが増してきたが、両瞼は落ちくぼみ、それが永久にひらかないことは一目でわかる。

裕子は三歳から五歳までの二年間、小さな身体のすべてで、懸命に網膜芽細胞腫という病魔と闘ったのだ。最初心配されたように、平衡感覚までそこなわれることはなかったが、二度の眼球摘出手術で完全に視力を失った。

それでも一命をとりとめたこの結果をむしろ喜ばなければならないのかもしれなかった。

「裕子……」

並木は華奢《きゃしゃ》な壊れ物にでも触れるように呼びかけてみた。

裕子の耳がわずかに動いたように見えた。しかし、それ以上の反応は示さなかった。

「裕子、お父さんだぞ……わかるか？」

並木は裕子に近づき、顔をのぞき込んで声をかけた。

それでも裕子は反応しなかった。

視力は失ったものの、聴力は健全なはずだ。だが、裕子は真っ暗な自分一人の世界から出てこようとしなかった。

「裕子！　お父さんだぞ！」

並木はそう叫ぶと、身体全体を弛緩《しかん》させ、自分からは何の反応も示さない裕子の身体を力一杯抱き締めた。


毎日決められた時間に定期的に働くというのではなかったが、送電線更新工事での並木の働きぶりは周囲の注目を集めた。

身体は大きくないが、力が強く、持久力があった。高度順応の点でも他の者より圧倒的にすぐれていて、呼吸の乱れが少なかった。

「どうだい、並木、おまえ強力をやってみないか？　夏はブルドーザーで山小屋の荷上げをやって、冬は測候所の荷物を背負って運ぶ仕事だ」

送電線更新工事が終わった時、一緒に仕事をしていた男の一人が声をかけてきた。

彼は自分でブルドーザーを持ち、この工事に参加していた。普段はそのブルドーザーを駆使して、山小屋の荷上げや山頂の測候所の荷物の運搬をやっている。しかし、雪が降るとブルドーザーは使い物にならなくなり、十一月から四月までの六カ月間は山頂の測候所への荷物は人間が運ばなければならないのだ。

「えっ、冬山！　俺、冬の富士山なんて、まだ一度も登ったことないですよ！」

強力という仕事は、短時間で高給を得たいと思っている現在の自分に向いているように思った。だが、並木は冬の富士山は未経験だった。冬山の怖さは聞いているが、話だけでは見当がつかなかった。短時間で比較的高給を稼げること、しかも仕事の舞台が日本一の富士山であることは魅力だったが、不安も多かった。

並木は、この話にすぐにはうなずくことができなかった。

30kgの荷物を背に、富士山測候所に向かう並木宗二郎（撮影＝内田 修）

第六章

山麓の墓標

富士山頂剣ヶ峰にある富士山測候所は気象庁・東京管区気象台直轄の組織である。創立は先にも触れたように、一九三二（昭和七）年七月一日にさかのぼるから、九十年以上の歴史がある。

富士山測候所の山頂勤務は年間を通して行われ、一班五〜六人で編成し、約三週間ごとに交代することになっている。

山頂での業務の内容は一九六四（昭和三十九）年に気象レーダーが設置され、それを東京から遠隔操作できるようになって大きく変わった。それまでは高山の気象を把握する地上気象観測が主だったが、この頃は気象レーダー、気象観測機器、通信中継機器の保守・点検が主な業務となっていた。

山頂測候所の象徴ともいうべきドーム内では直径五メートルのパラボラアンテナが休みなくまわりつづけている。このアンテナの探知範囲は八〇〇キロメートルで、北海道の南端から九州の北端までの広範囲をカバーし、台風や雷雨の状況を細かくキャッチして、台風や豪雨・豪雪の時に降水域の範囲、強さ、その移動などを把握するうえで貴重なデータを東京の気象庁に送っている。この観測は、先に述べたように遠隔操作によって東京で行っているが、機器の保守・調整やドームにつく霧氷を落とすなど、観測精度を維持することが山頂要員の重要な業務ということになる。そのほか、山頂には風向・風速計や百葉箱が設置されていて、山頂の気圧、気温、露点温度、風向、風速などの自動観測・通報も行っている。

職員たちが勤務し、生活する庁舎は快適に造られている。

庁舎は四棟からなり、一号舎と二号舎が二階建て、三号舎は平屋だが地下室があり、四号舎は平屋である。

庁舎内にはレーダードームはじめ、レーダー室、通信室、機械室、機材部品庫、観測工作室、マイクロ室など業務を行うための施設のほか、居間、食堂、厨房、食料庫、風呂、個室などがあり、言うまでもなく冷房は必要ないが暖房は完備している。

山頂業務や生活に必要な電力は麓から送電線で供給されている。

標高一〇七五メートル地点から一五七五メートル地点までの距離三八八〇メートルの間は七十三本の電柱で送電され、それより頂上までの六八六〇メートルは地下ケーブルで送電されている。また、停電など非常時に備え自家発電装置も設置されている。レーダー、気象観測装置、通信機器をはじめ、暖房、厨房、浄化槽などすべての施設で電気が使われ、テレビ、カラオケ、VTRなども完備していて便利で快適な山頂生活が送れるようになっている。だが、御殿場基地事務所との直通電話はあるが、一般電話は引かれていない。これは電話の存在は山頂勤務のプラスにならないと考えられているためである。もし電話があって、いつでも家族や友人と話せるとしたら、つい受話器を取ってしまうことになり、無駄な出費がかさむ。かえってホームシックにおちいるかもしれない。また、子供が熱を出したとか親の病気が重いとか電話で知らされても、不安がつのるだけですぐに家に帰ってやるわけにはいかない。そのように考えると、山頂生活における電話の存在はかえって厄介なものということになる。どうしても伝えなければならない緊急の連絡は、御殿場基地事務所を通じてすればいいというわけだ。

山頂での勤務は、班長、レーダー、地上気象観測、通信、調理の各担当者で一班を編成し、先にも述べたように約三週間交代で勤務する。

交代登山の前日には御殿場基地事務所に集合し、登山装備を整え、打ち合わせを行う。

その夜は翌日の登山に備えて全員、太郎坊（一三〇〇メートル）の小屋に一泊する。ただ、並木は自宅が太郎坊の小屋に近いため、登山日の朝早く一行に加わることになっている。

夏の登山は落雷と落石以外とくに問題はないが、冬は大変である。

早朝六時半、太郎坊の小屋を雪上車で出発、約二時間で五合目下に着く。そこで雪上車をおり、そこから頂上までは徒歩による登山になる。標高三二四〇メートルの七合八勺の避難小屋で昼食をとり、天候がよく順調にいけば、午後三時頃には山頂に到着する。

冬山は危険が一杯だから、悪天候や強風時には登下山しないことになっている。だが、出発時には穏やかでも山の天候はいつ変わるかわからない。そこで天候急変時に備え、二合八勺（二一〇〇メートル）、五合五勺（二七八〇メートル）、七合八勺（三二四〇メートル）の三カ所に避難小屋が設置してあるほか、安全対策として、通称長田尾根と呼ばれる登山ルートに鉄製の安全柵が設けられている。これによって厚い雲や吹雪の中でもルートを見失わないようにしていると共に、風が強い時にはそれにつかまり、身体を安全に保つのに役立てているのである。また、登下山の時にトランシーバーを携帯するのはもちろん、新人のためには冬山登山訓練も行っている。

遠く眺めているぶんには荘厳なまでに美しく、なめらかな稜線《りょうせん》は女性的な穏やかささえ感じさせるが、富士山はおそろしい山である。

安全には細心の注意を払ってきたが、富士山測候所は開設からこれまでに四人の殉職者を出している。

最初の殉職者は今村一郎である。

一九四四（昭和十九）年四月十一日、戦争中のことである。

当時は強力経験者のほとんどが応召《おうしょう》し、交代登山の時に職員自らが荷物を運びあげることになっていた。

もちろん、雪上車などない時代だ。

今村にとってははじめての富士山だった。

前日の四月十日十四時三十分、十九歳の今村は先輩職員三人と共に太郎坊に向けて御殿場基地事務所を出発した。先輩たちは二十キロの荷物を背負ったが、今村の荷物は十キロだった。先輩たちが新米の今村を気づかってくれたのである。

太郎坊までは約十四キロの登り、初心者にはこれだけでもこたえる距離である。四時間後、太郎坊の小屋に着いた時、今村はずいぶん登ったと思ったのか、

「そろそろ頂上ですか?」

と質問し、

「何を言ってるんだ。これから富士山に登るんだぞ。ここは一番下の太郎坊で、まだ二五〇〇メートルほど残っているよ」

と先輩たちに大笑いされた。

太郎坊の小屋で一泊し、翌四月十一日、早朝四時に起床、朝食後六時に出発した。八時二十分に二合八勺に着き、十時三十分に四合目で小休止、そして十二時三十分に七合五勺の平坦な場所を選んで食事をした。

寒さがきびしく七合八勺の小屋も近いので食事は早々にすませて小屋に向かった。

七合八勺の小屋は雪に埋まっていた。

入口から入るのは無理なので、ピッケルで高窓付近の雪を掘り、その窓をこじあけて中に入った。そこで囲炉裏《いろり》に炭火をおこしてしばらく身体をあたためた。

この頃になると山頂に厚い笠雲がかかり、視界が悪くなってきた。

このまま登るか、それともここで一泊して登頂は翌日にするか……天候をみながら話し合われたが、明日になるとなお天候が悪化することが考えられたため、そのまま頂上へ向かうことになった。

登山ルートは成就ヶ岳と駒ヶ岳の間の窪地、いわゆる「たるみ」を行くことにした。

十四時三十分、七合八勺の小屋を出発した。

一足ごとに寒さが加わる。雪質も堅くなり、アイゼンが金属的な音をたてる。

笠雲の中に入ったのか、風速が増し、濃霧に包まれる。

視界はほとんどない。

風ではがされた霧氷が、前方から飛んでくる。

全員が自分の身を守るのに必死だ。風と霧氷を避けるため、ピッケルを雪に突き刺し、それにしがみつくようにして膝を折り、身を屈して丸くする。そのようにして風をやり過ごし、隙《すき》をつくようにして岩陰を選んで前進する。

ほとんど這うような状態で九合目の小屋の前の平坦地にたどり着いた。

いくらか風が弱まったようだ。全員が荷物をおろし、ほっと一息ついた。ところが、今村の姿が見えない。

今村は二番目を歩いていたはずだが、濃霧の中でルートをはずれてしまったらしい。視界がほとんどゼロの状態だったから、誰も気づかなかったのだ。

視界は相変わらず悪く、三人の疲労ははげしい。

この状態で三人が捜索をはじめるのは危険だ。

二重遭難のおそれがある。

山頂は近い……急いで測候所へ応援を求めることにした。

もっとも元気のいい一人が荷物を仲間に託して出発した。

測候所にいた職員の反応は敏速だった。

彼らは二手《ふたて》にわかれ、一方は成就ヶ岳の尾根に沿って九合目まで捜索し、もう一方は成就ヶ岳、伊豆岳、そして久須志岳方面へと向かった。

気温は摂氏零下十二度、風速二十メートル……依然として霧は深く、日没も近い。測候所に残った者は捜索隊に期待をかけて待った。だが、その期待はむなしかった。暗くなってから戻ったどちらの捜索隊も今村を発見できなかった。

翌日は中央気象台に応援を依頼すると共に、全員で山頂一帯を捜索し、翌々日には東京からの応援隊も到着し、本格的な捜索を行った。しかし、ついに今村の姿を発見することはできなかった。

遭難から四十一日目の五月二十八日、四合目の北方約五百メートル、獅子岩尾根筋の上方で今村の遺体が発見された。

吹雪の中、ルートをさがして歩きまわり、疲労困憊《こんぱい》し、一休みしているうちに睡魔に襲われ凍死したと見られた。

今村の遺体は表情も穏やかで、腰をおろし、ちょっと一服という感じだったという。はじめての富士登山が若き命を奪った。享年十九であった。

その二年後、二人目の殉職者がでた。

小出六郎である。

一九四六（昭和二十一）年の暮れも押し迫った十二月二十八日、交代下山を翌日に控えた小出は交代前の行事になっている大掃除と霧氷取りを午前中にすませた。明日は下山して家族と共にのんびり正月を迎える……山頂生活者にとって、もっとも心はずむ時だ。

その日の十四時、昼食をすませた小出はもう一人の仲間と二人、登ってくる交代者を迎えるため、紅茶の入ったビンを懐に入れて測候所を出発した。当時は、熱い紅茶を準備して、疲れ切った交代者を最後の難関である八合目と九合目の間で出迎えるのが恒例になっていた。

天気はよく、風速は二十メートル……十二月末の富士山の気象条件としては決して悪くなかった。ただ、九合目の小屋を過ぎたあたりから斜面は急になる。雪は堅く凍り、アイスバーンになっている。慎重に踏み込まないとアイゼンが効《き》かない。

そこで小出は足を滑らせたのである。

「あーっ！」

という叫び声を残し、小出は雪面を滑り落ちていった。

小さな窪《くぼ》みで身体が跳《は》ね、ピッケルが飛ばされた。

滑落のスピードは次第に増し、ところどころの岩にぶつかりながら小出は八合目近くまで滑り落ちた。

「大丈夫か、しっかりしろ！」

一緒にいた仲間はわが身の危険を忘れ、小出のところへ走りくだった。

滑落のすさまじさを示すように、小出の顔は血に染まり、片方のアイゼンはちぎれ飛んでいた。小出はぐったりしており、アイスバーンの上を一人で運ぶのは無理だった。仕方なく、登ってくる交代者の助けを待つことにして、小出の身体を岩陰に寝かせた。

しばらくして交代者たちが疲れ切った足取りで登ってきた。

「しっかりしろ」

彼らが声をかけると、

「大丈夫だ」

という返事が小出から返ってきた。

いまならなんとかなる。早くなんとかしなければ……みんなはあせった。だが、時間と共に冷え込み、足場はつるつるで手のほどこしようがない。このままでは凍死してしまう。とにかく身体を温めることだ。そう考えて、七合八勺の小屋から布団とロープを運んできて、小出の身体を布団で包み、みんなで尾根に引きあげた。そして、なんとかして小出を下へ運ぼうとした。しかし、引き上げるのにくらべ、下におろすのはあまりにも危険すぎた。

時刻は二十一時、空には三日月……仲間たちが小出を抱きしめ、少しでも温めようとするが、小出の身体からは次第に血の気が失せていった。

「がんばれよ!」

仲間たちはくり返し小出に呼びかけた。

しかし、その励ましもむなしく、やがて小出は息を引き取った。

アイスバーンの上を重傷者を運ぶのがいかに困難か……冬の富士山のおそろしさを

思い知らされた小出の殉職だった。享年二十八であった。

小出の殉職はさまざまな問題を投げかけた。

安全対策が練られ、勤務条件の改善、装備の更新などがはかられた。

少しでも危険に遭遇する機会を減らそうとすることから、熱い紅茶を持って交代者を迎えるという長くつづいた友情あふれる習慣も廃止されることになった。敗戦の混乱を脱し、経済成長が順調なこともあって、この頃から山頂測候所の環境も次第に整っていった。

小出の殉職から十二年間、測候所から犠牲者は出なかった。だが、やはり厳冬の富士山はただものではなかった。

一九五八（昭和三十三）年二月二十六日、富士山はこの山をもっとも知りつくしているといっていい男の命を突風によってさらったのである。

三人目の殉職者は長田輝雄である。

長田は強力・炊事担当を長くつとめた後に職員に採用された富士山のベテランで、

輝さんの愛称でみんなに親しまれていた。

前日、太郎坊の小屋に一泊した長田たち交代職員六人は、二十六日の朝七時、二人の強力と一緒に太郎坊を出発した。

職員六人の最後尾にベテランの長田がつき、その後に強力二人がつづいた。

十七時までに七合八勺の小屋に着き、そこで一泊して翌朝頂上に向かう予定である。

早朝から吹いていた風も下のほうではおさまっていたが、はるか頂上を見あげると、八合目付近から強い風が吹きおろし、四合目あたりで渦巻状になっているのが見えた。

富士山では強い西風が吹くと、東側の斜面に渦巻状の風が発生するのだ。

予定どおり十時四十分頃に四合目に着いた。

その頃から吹きおろす風の帯の中に入り、風が身体にあたってきた。

時には突風が吹き抜ける。

そんな中、一行は無事五合五勺の小屋に到着した。

その日の予定はあと二百六十メートルほどなので、ゆっくり昼食をとることにした。

長田は炭火をおこし飯を炊き、おむすびを作ってみんなにふるまった。

十五時三十分、一行は五合五勺の小屋を出発した。

それからいっそう風が強くなった。三十メートルほどの風が岩のかけらと共に襲ってくる。瞬間風速は四十メートルを超えている。特に七合目から七合五勺のたるみの部分が危険だ。予期しない方向から襲ってきた風がぐるぐるとまわる。

その渦巻きが去ったかと思うと、次は突風が正面からぶつかってくる。

そのたびに一行は雪面に身を伏せて風をやり過ごした。

そんなことを何度かくり返した時だった。

長田は七合目の小屋の下で突風に煽《あお》られた。

あっ、という間の出来事だった。

長田は石垣の下に墜落、頭から岩に激突した。

頭蓋骨骨折で即死……ベテランも避けきれぬ突風だった。

長田の遺体は同行者たちによって五合五勺の小屋に運ばれた。

当時は携帯無線機はまだ装備されていず、職員たちが寄せ集めた部品で自作した送信機が唯一の通信手段だった。その送信機を使って、長田の遭難はモールス信号で御殿場基地事務所の受信機に送られた。

父の事故を知った長田の二人の息子はその夜二十三時に太郎坊を発ち、翌朝まだ暗いうちに五合五勺の小屋に到着した。

息子たちは父の遺体を確認すると、無言のまま床に座り込んだ。口をきく者は誰もいなかった。

東の空が白み、薄い茜《あかね》色がきざす頃、橇《そり》に載せられた長田の遺体は静かに山をくだった。

長田は十二年前の小出の滑落死の後、彼が死んだ八合目の尾根あたりから頂上に向かって安全な登山道を作ろうとしていた。

長田の死後、その遺志を継ごうと全国の気象庁職員から募金が寄せられた。この基金をもとに、幅一メートル、長さ千百メートルの尾根伝いの登山道が開かれ、風から身を守るための鉄柵も設けられた。

この登山道は「長田尾根」と呼ばれ、冬の登下山には欠かせないものになっている。

八合目の小屋の前に建てられたこの記念碑には俳句が一句刻まれている。

飛雪尾根　声あげて　声奪はる

これは長田と同じ測候所職員で霜楓《そうふう》の俳号を持つ伊藤定亘《さだのぶ》の句である。伊藤は奇しくも長田遭難の際、彼と同行していたのだ。

「富士山で死ねれば本望」……これは長田の口癖だったが、富士山を愛し、富士山を知り抜き、富士山と共に生きた長田の死は彼を知る者にとって悔やんでも悔やみ切れない痛恨事であった。享年五十九であった。

もっとも新しい四人目の殉職者は福田和彦である。

福田は板バネ式のネズミ捕り器にかかったネズミがかわいそうだからといって、山頂勤務中、石油の空き缶に入れて自分の個室で飼っていたという心やさしい男だった。

福田は婚約がととのって幸福の絶頂にいた一九八〇（昭和五十五）年四月十二日、噴火口に滑落して殉職した。二十六歳だった。

この四人の殉難碑は、一九八二（昭和五十七）年十月九日、富士山測候所創立五十周年記念事業として全国の気象庁職員からの寄付によって、御殿場口大石茶屋付近に建てられた。

碑には四人の名前と共に、次のように記されている。

「峻烈なる高山の気象と闘い、職務を尽くし、尊き生命を捧げし殉職者の霊を弔い、その名を刻して永く記念する」

両目の摘出、そのリハビリなどで入退院をくり返していた裕子が、本格的に退院したのは一九七四（昭和四十九）年の冬のことで、退院してまもなく五歳になった。幼い娘が光を失い、妻が長い看病疲れと精神的重圧でふさぎ込むことが多くなったものの、裕子の退院で並木家はいちおうの平穏を取り戻した。

並木が目標を立てたように、生活保護は一年で辞退することができたが、裕子のほかに幼い長男を抱えているうえに、精神的にも肉体的にもまいっている景子では共働きは無理で、生活が安定するというところまではいかなかった。

送電線の更新工事は一九七三（昭和四十八）年に終わったが、並木はその年の冬には測候所の新人職員を対象に行われる冬山登山訓練に参加し、アイゼンのつけ方やピッケルの使い方など冬山登山の初歩を身につけた。

そして、冬季間の測候所への荷上げも手伝うようになっていた。ずるずるとした強力業の開業である。

一九七五（昭和五十）年の春、五歳を過ぎた裕子は沼津の盲学校の幼稚部に入ることになった。

通うのは大変なので盲学校の寮で暮らし、土曜日の午後に並木がバイクで迎えに行き、土曜と日曜を家で過ごし、月曜日の朝にまた並木のバイクのうしろに乗って盲学校へ戻るという生活だった。

そんなある日、並木家に深刻な問題が起こった。

景子が妊娠したのである。

子供好きの並木だから、本来なら大喜びするところだが、並木は単純に喜ぶことができなかった。なにしろ経済的にぎりぎりの状態で、このうえ家族が一人増えたら果たして生活が成り立つかどうか……。

景子の身体も心配だった。精神面の危惧《きぐ》もある。裕子のことで心身共にまいっている景子にもう一人の出産と育児がつとまるかどうか……。

あれこれ悩む並木の脳裏に、病院のベッドに横たわり、手術を終えた小さな身体全体を震わせて苦しむ裕子の姿がよみがえる。

子供を持つということは、比類のない喜びと生甲斐を自分のものにすることだ。それはまちがいない。二人の子供を育てた並木はそれを身をもって実感している。だが、いったん裕子を鷲づかみにしたような不運に襲われると、幸せはそれに数倍する悲しみと苦悩に一変する。幸せは大きければ大きいほど、背後に重く不幸の影を隠し持っているものなのだ。つまり、幸せを手に入れようとしたら、その数倍の不幸を背負う覚悟が必要なのだ。

産むべきか否か……並木の悩みは深かった。

長田尾根を登る並木宗二郎(撮影＝内田 修)

第七章　フジアザミの飛翔

「ねえ、富士山に神様って、いると思う？」

景子が家の窓からぼんやりと富士山を眺めながら言った。

裕子が退院した頃に町営住宅の空家抽選にあたり、一家はそこに移り住んでいた。

風呂はなく、六畳と四畳半に台所とトイレという簡素な住宅だったが、須走浅間神社のすぐ側で、四畳半の部屋の窓からは神社の森の向こうに富士山の七合目から上ぐらいが迫るように望めた。

一九七五（昭和五十）年六月……この日は久しぶりの梅雨の晴れ間で、残雪が少なくなった富士山が顔を見せていた。

「いきなり、どうしたんだ？」

趣味で集めたコインの整理をしていた並木は景子のほうへふり向いた。

「あんたは何度も登っているから、わかると思って……」

「そういえば、おまえはあれっきりだな」

「いいのよ。私にはそんな元気ないから」

「その気があるなら、つき合ってやってもいいんだぞ」

「いまはその気はないわ。それより、富士山に神様はいるの？」

「そりゃ、いるだろ」

「ほんと？」

「おまえも行ったことがあるだろ、富士宮の浅間神社？」

「ええ……裕子が最初の手術する前だった」

「あれが富士山の神様だろ」

「でも、神様ってほんとにいるのかしらね……」

「富士宮の本宮のほかにも、そこの須走浅間神社はじめ浅間神社はあちこちにあるし、頂上に奥宮もあるんだから……」

並木の言うとおり、富士宮市にある富士山本宮浅間神社は富士山を御神体として、木花開耶姫命《このはなさくやひめのみこと》を奉《まつ》っている。ここが全国に一三〇〇あるという浅間神社の総本社である。

富士山頂には奥宮が鎮座《ちんざ》している。

そういう事実は知っているが、神の存在など深く考えたことがないから、並木の言葉に力はない。

「信じていいのかしら？」

景子の声は思いつめたように沈んでいる。

並木はコインをいじる手を止めた。

「どうしたんだ、深刻な顔して……。神様なんて、いると思えばいるし、いないと思う者にはいないもんだよ」

「あんたはどっち？」

「……だから、いるって言っただろ」

並木はそういったが、もちろん神の存在を丸ごと信じているわけではない。

神様論争はいい加減にしたい気持ちだった。だが、景子はつづけた。

「富士山に神様がいるなら、こんな近くに住んでるのに、どうして神様は私たちのこと守ってくれないのかしら……」

「裕子のことか？」

景子は軽く首を横に振った。

だが、景子が裕子の不運を吹っ切れずにいることを並木は知っていた。

「裕子は目は見えなくなったけど、命は助かったじゃないか。むしろ、それを神様に感謝しなければいけないのかもしれないぞ」

並木はこれまで何度も言ったことを口に出した。

「それはわかってる。何度も聞いたから」

「じゃ、俺の稼ぎのことか?」

「ちがうわ」

「じゃ、なんだ」

「……赤ん坊のこと」

景子は視線を落とし、ぽつりと言った。

やはりそうだったか、と並木は思った。妊娠を知ってから、結論を出せないまま日数だけが流れていた。景子はその間、赤ん坊を産むかどうかについて、自分からは何も意思表示をしなかった。やがて並木がくだすであろう結論をじっと待っているように見えた。その耐えている姿が並木にはいじらしくてならなかった。

並木は子供が欲しかった。それは景子も同じだろう。だが、現状を考えると……三人の子供を育てるのは無理に思える。いや、自分たち親はどんな苦労もいとわない。並木にその覚悟はある。景子にもあるはずだ。だが、もし無理をして産んだとしたら、裕子にも崇にも、それに生まれてくる赤ん坊にも大変な苦労を強いることになってしまう。果たしてそれは家族みんなの幸福につながるのかどうか……。

そんなことを考えると、なかなか決断をくだせないのだった。だが、もう猶予《ゆうよ》はなかった。妊娠三カ月目も後半にはいり、産むかどうか最後の決断をする時期が迫っていた。

「産みたいのか?」

長い沈黙の後、並木は言った。

「でも、あんたが悩んでるのがわかるから……」

景子は無表情のまま言った。

「悩んでなんかいるもんか!」

並木はわざとぶっきらぼうに言った。

「私にはわかる……」

そういうと、景子は並木のほうに視線を向けた。

「俺に甲斐性がないからな」

並木は自嘲《じちょう》気味に言った。

「ううん……私に意気地がないから。……切ないね」

景子の目に涙があふれた。

目頭で大きな粒になった涙がするすると流れ落ちた。

「泣くな！」

並木は強く言った。

「切ないね」

景子は並木を見つめてもう一度言った。

涙は後から後からあふれてくるらしく、みるみる景子の頬を濡らした。

「いつ、俺が産むなと言った？　産めよ！　赤ん坊は神様の授《さず》かりものだ。元気な赤ん坊を産んでくれよ！」

並木は富士山の雪渓をいっきに滑り降りるような気分で言った。

貧乏がなんだ！　苦労がどうした！　矢でも鉄砲でも持ってこい！　景子と裕子と崇、それに産まれてくる赤ん坊のためなら俺はどんな苦労でも引きうける……産めよ！　と言ってしまったら、並木は気分が晴れ晴れするのを感じた。幸せの背後に黒い影が潜《ひそ》んでいるなら、それもひっくるめて引き受ける覚悟だった。

翌年、一九七六（昭和五十一）年一月十九日、景子は元気な男の子を産んだ。俊次《としつぐ》と名づけた。

涙を見せてまで欲しがった子供だったのに、次男の俊次を産んでから、妻の景子はがくんと元気をなくしたように見えた。出産による体力の消耗だけでなく、精神的不安定が目立つようになった。何かをするわけではないのに朝暗いうちに目を覚まし、ぼんやりと赤ん坊の枕元に座っていたりする。そのくせ赤ん坊が腹を空かし、ミルクを欲しがって泣きはじめても、すぐに立ちあがろうとしない。

並木が泣き声に目を覚まし、

「おい、あまり泣かすなよ。ミルクを欲しがっているんじゃないか」

と声をかけると、

「あっ、ごめんね」

と、ようやくわれに返ったように目をしょぼつかせ、台所に立っていくのだった。湯をわかし、粉ミルクを哺乳瓶《ほにゅうびん》にいれ、わいた湯を注ぎ、乳首つきの蓋をして哺乳瓶をよくふって粉ミルクをとかす。それから掌《てのひら》に包み込むようにして、ほどよい温度にまでミルクをさます。たったそれだけのことをするのに、やたら時間がかかる。まるで老婆のように動作が緩慢《かんまん》なのだ。そのうえ、注意力が散漫になっているらしく、途中で哺乳瓶を取り落とすような失敗もする。

午後になると朝よりはいくらか活動的になり、掃除・洗濯などいちおうの家事はこなすのだが、買物以外はめったに外出しようとせず、口数もめっきり少なくなった。近所の奥さん連中とのおしゃべりの輪に入ることもなくなった。かつてのような快活な笑い声はまったく聞けなくなった。

並木は景子の変化が気になっていた。だが、並木自身も仕事に追われ、景子のことに深く関わっている余裕がなかった。産後の疲労だから、やがて元気を取り戻すだろう、と軽く考えようとしていた。

次男の俊次が生まれた時、裕子は七歳一カ月、崇は五歳二カ月……幼い三人の子供を育てるのは景子も大変だったが、並木も必死だった。理髪店の勤務と山仕事、しかも裕子を毎週土曜日に沼津の盲学校へ迎えに行って月曜の朝には送っていかねばならない。

並木は小さなバイクを買い、それで裕子の送り迎えをしていた。

(寒くてごめんな、裕子。せめて軽自動車でも欲しいなあ)

冬、バイクのうしろのシートに座り、寒さに震えながら自分の腰にしがみついている裕子のことを思うと、並木はなお懸命に働かなければと思うのだった。

俊次が一歳の誕生日を迎える頃になっても、景子にかつての快活さは戻らなかった。それどころか、不眠症や食欲不振も加わり、景子は心身共に衰弱していった。

「裕子をあんな目にあわせたのは、私のせいだ」とか、「私は崇や俊次のために何もしてやれない悪い母親だ」と言って自分自身を責め、「富士山だけじゃなく、神様なんてどこにもいない」と言って、ふさぎ込むことが多くなった。

そのたびに、並木は景子の愚痴《ぐち》を聞いてやり、

「くよくよするな、元気を出せよ。いまになにもかもよくなるさ」

と励ました。

言葉だけでなく、並木は景子の気分転換をはかるため、彼女を外へ連れ出すことも実行した。小富士遊歩道、足柄城趾、そして家族みんなが好きな山中湖……裕子が帰っている日曜日にはできるだけ家族そろって出かけるようにした。

子供たちを大自然の中で遊ばせたいということもあったが、自然の霊力が疲れきった景子の心身に活力を与えてくれることを期待したからだった。金はかけられないから、出かけるのは近い所に限られたが、なんといっても富士山の麓、四季を通じて出かける場所に不自由はしなかった。

俊次が二歳の誕生日を迎えても景子の状態は好転しなかった。

痛みや傷という形で目に見えるわけではなかったが、単なる疲労や気持ちの持ちようという段階を越えて、素人目にも病気であることは明らかだった。

景子に入院されたら、自分一人で幼い子供三人の世話ができるとは思えなかったので、並木は気にかけながらも、景子を病院に連れていくのを一日延ばしにしていた。しかし、限界に達しているのがわかった。景子の神経は限度一杯まで伸びきり、これ以上、刺激が加わればもろくも切れてしまうように見えた。

一九七八（昭和五十三）年五月、ついにくるべき時がきた。景子はうつ病の診断を受け入院することになった。裕子が八歳五カ月、崇が小学校に入学したばかりの六歳六カ月、俊次は二歳四カ月で、まだおむつも取れていない状態だった。

並木は途方にくれた。二人で面倒をみても大変だった幼い三人の子供を、男三十八歳、これからはたった一人でみていかなければならないのだ。人並み以上に過酷な仕事をこなし、家事をやり、裕子の送り迎えをし、景子を見舞ってもやらなければならない。しかも景子の入院は長期にわたることが告げられた。

子供の頃から我慢強く、めったに弱音など吐いたことのない並木だったが、さすがにこの時は耐え切れず、大きな溜息をもらした。

（どうして、俺だけがこんなについてないんだ……）

景子は長女の発病と長期の看護疲れの中で精神をぼろぼろにし、絶望の淵に沈み込んでしまっていた。

並木自身も次々に襲いかかる不幸に打ちのめされていた。


きついけれどそのぶん実入《みい》りがよく、比較的時間が自由になるから、並木は景子が入院した年から、最初に声をかけてくれた伊倉範夫のところに所属し、夏も冬も本格的に富士山で働くことにした。

景子が元気を取り戻したら、このきつい仕事から身を引き、いずれは自分の理髪店を開店したいという夢は捨てていなかったが、現状を支えるにはこれしかなかった。

二歳四カ月の俊次は保育所に預けることにした。

富士山の夏の準備は、五月の半ば頃からブルドーザーによる雪道開けにはじまる。

山の下のほうでは雪解け水が流れ出している。だが、上のほうはまだ雪が深いから、山小屋に荷上げするブルドーザーが通る道をブルドーザーで開けるのである。

この道開けは六月半ば頃まで約一カ月間つづく。それが終わると、長い間閉ざされていた山小屋が開けられ、山開きに向けての荷上げが開始される。夏の登山シーズンは七月一日の山開きから山小屋が閉じられる八月末までの二カ月間だが、並木たち富士山で働く者にとっては、五月の半ば頃から九月二十日頃までの四カ月間はほとんど休みなしだ。

並木は五月半ばから一カ月間、ブルドーザーを運転して雪道開けをやった。それが終わり道ができると、六月二十日頃から山小屋の荷物の集配と荷上げがはじまる。

並木の担当は七合目の山小屋七軒分である。

朝早く起きて、赤ん坊の俊次と小学一年生の崇に朝食を食べさせる。俊次を保育所に連れていくのは近所の奥さんに頼んであるから、二人の息子を残し、毎朝六時に家を出る。バイクで御殿場の基地に行ってトラックに乗り込む。助手はなく一人である。トラックを運転して山梨県の富士吉田へ行き、七合目にある七軒の山小屋のオーナーの家をまわり、その日運ぶべき荷物を集める。七軒分合わせて、毎日だいたい一トンくらいになる。集めた荷物は五合目にあるブルドーザー基地に運ぶ。そこで小屋ごとに区分けしてブルドーザーに積み替える。それを七合目まで運びあげ、七軒の小屋におろすのである。

帰りは空になったプロパンガスのボンベ、ドラム缶、ゴミなどをブルドーザーに積んで山をくだる。そして、それらの不用品をそれぞれの置き場におろす。

これで仕事が終わるわけではない。またトラックで富士吉田へ行き、今度は八合目の山小屋五軒分の荷物を集荷し、それを須走にある倉庫におさめるのだ。

この荷物は翌日、八合目の小屋の担当者がブルドーザーで配るから、並木の一日の仕事はいちおうこれで終わりである。

夕方六時には保育所へ俊次を迎えに行かなければならない。そのために並木は昼食の時間も惜しんで走りまわった。昼食はたいていブルドーザーの運転中にすませた。

バイク、トラック、ブルドーザーで走りまわり、重い荷物を積みおろし、時間とおっかけっこをするようにバイクで家路を急ぐ……六月二十日から山小屋が閉まるまでの二カ月あまりはそんな日のくり返しだった。

盲学校の寮へ裕子を迎えに行く土曜日と送っていく月曜日は融通《ゆうずう》してそのための時間を作ったが、そんな日も仕事を休むことはしなかった。仕事を休んで日給をふいにすることなど、もったいなくて考えられなかった。

夕方、俊次を保育所から連れ戻り、幼い息子たちと三人だけの食事をし、並木は大好きな酒をほんの少し楽しみ、早めに寝る。酒の飲みすぎや夜ふかしは厳禁だ。翌朝も早いし、睡眠不足ではきつい仕事に耐えられない。


富士山には、種子植物約千二百種、シダ類約百種、コケ類約四百種、キノコ類約二百種が成育しているといわれているが、他の高山にくらべて植物の種類や量は多くない。

富士山では他の高山で見られるようなお花畑は見られず、五合目付近でタカネイバラの赤い花やヤマボウシの白い花と別れると、それから頂上への道すがら目を楽しませてくれるのは、淡紅紫色のムラサキモメンヅルの花やフジハタザオの白い花くらいのものだ。運がよければ、真っ赤に色づいたコケモモの実を見ることができる。また、夏山シーズンに純白の小花を咲かせるから、注意深く観察すればイタドリの花も見つけることができる。

登山者が数珠つなぎになって頂上をめざす富士山の夏はあっけなくいってしまう。八月三十一日は富士山の閉山式で、この日には各山小屋が閉められる。夏の間、山頂に開設されていた臨時の郵便局やＮＴＴの分室、そして浅間神社の奥宮も閉じられる。

富士山で働いていた人々は山をおり、人影はまばらになる。

その頃、富士山の最後を彩るようにフジアザミの花が咲きはじめる。フジアザミはキク科の多年草で、大きなぎざぎざの葉は鋭い棘《とげ》を持っている。直径数センチもある花は紅紫色の小花が集合したもので、その重みに耐えられないかのように、茎の先端で頭を垂れ横向きに咲く。

並木はフジアザミの花が好きだ。夏の喧騒《けんそう》がいき、静寂を取り戻した山肌に咲くフジアザミの花は高山に咲くものとは思えない豪華さで、並木の目を楽しませてくれる。

フジアザミの花が終わると、風はめっきり冷たくなり、富士山はいっきに寂寥《せきりょう》感に包まれる。そして、タンポポと同じように白い毛をつけたフジアザミの種が風に吹かれて舞いあがり、空中を飛翔しはじめる。

富士山一瞬の秋だ。

この季節は並木の心も微妙に動く。

(すごい生命力だ。あの小さな種が富士山じゅうに飛び散って、来年また花を咲かすんだからなあ)

入院中の景子、沼津の盲学校にいる裕子、そして、家に残してきた二人の息子……次々に家族の顔が思い浮かぶ。

並木はブルドーザーのエンジンを止めた。

フジアザミの羽毛状の種は風に乗って流れていた。

(こんなきびしい自然の中で、毎年毎年芽を出し、成長し、花を咲かせる……俺だって、これぐらいのつらさに負けるわけにはいかない)

フジアザミの種は地表からわき出るように次々に舞いあがった。そして、命あるもののように揺れながら山肌に沿って流れていく。

羽毛状の種はしばらくの間、並木のまわりで踊るように浮遊し、岩陰の窪地や細かい砂礫《されき》の上に着地した。

フジアザミは次の年、またそこで芽を出すのだ。

並木はフジアザミのそんな動きを飽くことなく眺めるのだった。だが、そんな気分にひたるのもほんの一時だ。

秋はあっという間にいってしまう。そして、すぐにまた、きびしい冬が来る。

空から見た富士山。宝永火口の右側に冬の荷上げに使われる御殿場ルートがある（撮影＝萩原浩司）

第八章　妻は山頂に至らず

まわりに高い山のない富士山ではさまざまな形の雲が見られる。

その代表的なものは「笠雲」と「吊《つる》し雲」である。

笠雲というのは、山にぶつかった大気が斜面に沿って上昇するうちに冷やされ、水蒸気が飽和状態になって山の頂上に発生する雲のことである。

笠雲の基本的な形は三角形で、案山子《かかし》がかぶる笠のような雲が山頂をおおうようにかかる。この笠雲にはもっともシンプルな「ひとつ笠」をはじめ、笠が二つ重なった「にかい笠」、山頂から離れてかかる「はなれ笠」、笠の部分に割れ目の入った「われ笠」、笠の先端に乱れができた「みだれ笠」など、季節や大気の状況によってさまざまな形が現れ、その種類は二十種類にものぼる。

一方、吊し雲はできかたも現れる場所もちがう。

山にぶつかった大気は斜面に沿って上昇し、いったん山頂を越えるとまた斜面に沿って下降するが、その下降する大気は渓流で生まれる波のような波動現象を起こす。この波動の先端部分にできるのが吊し雲だ。吊し雲にもその形から「つばさ吊し」「だえん吊し」「波吊し」「針吊し」などがあるが、笠雲ほど種類は多くない。

昔から駿河湾の漁民や麓の住民は富士山にかかる雲で天気を予測してきた。その場合も笠雲と吊し雲は大きな目安になる。おおまかにいって、笠雲は悪天候の前兆で、吊し雲は天候急変の予兆だといわれる。

笠雲と吊し雲が同時に出た場合には八十～八十五パーセント悪天候になるという。このような言い伝えのたしかさは統計的にも証明されていて、付近の住民にとっては、富士山にかかる雲は自然が描く多彩な色と形の芸術であると同時に、季節の移り行きや天候の変化を知らせてくれる貴重な指標でもあるのだ。

はなれ笠は冬の雲である。

円盤の形をした雲が山頂の上空にぽっかりと浮かぶ。普通、笠雲が出ると悪天候になるのだが、同じ笠雲でもこの雲の場合は快晴のしるしだ。

はなれ笠が浮かぶ下、並木は荷を背負い頂上への道を急いでいた。

快晴で風も弱く、足場もアイゼンの効き具合がいい。

こんな時は快調だ。

七合八勺の小屋での昼食時間を極端に短くし、途中の休みもほとんど取らない。

景子の入院はつづいている。

幼い三人の子供の面倒をみながら、並木の強力生活は六年目に入っていた。裕子は盲学校の寮にいるからひとまず安心だった。保育所にいる俊次は幼すぎて自分がおかれている状況を理解していないだろうが、家で一人さびしく留守番をしている崇のことは山にいる間じゅう気がかりだった。並木のいない間は、近所の奥さんたちが家をのぞいてくれてはいるが、なにしろ崇はまだ小学一年生、心細い思いをしているにちがいない。そう考えると、少しでも早く頂上で荷をおろし、一目散に山を下りたい……並木はいつもそんな思いで一杯だった。

測候所が見えてくると、その建物を自分のほうへ引き寄せるような気持ちでぐいぐいと歩を進めた。呼吸が荒くなり、口を半開きにしないと息ができなかった。冷たい空気が喉を刺し、喉の奥がひりひり痛んだ。それでも構わず並木は先を急いだ。できることなら駆けだしたい気持ちだったが、さすがにそれは無理だった。

並木は測候所に着くと、勢いよく入口の扉を開き、

「おーい、着いたぞー」

と叫ぶ。

いつものことだ。

「ひえー、並木さん、早いですねえ」

「いつもどおりの時間に太郎坊を出たんですか？　いくらなんでも早すぎますよ」

測候所の職員たちが並木の早すぎる到着に驚きの声をあげる。

「お茶！　熱いの一杯飲ませてよ」

と言いながら、並木は背負子を肩からはずし、どさっとソファに座り込んだ。

たしかに早い。時計を見ると、一時二十分をまわったところだ。普通は太郎坊を六時半に出発し、頂上まで八時間はかかる。だから、まちがいなく一時間は早く着いた。

「どうぞ」

職員の一人がお盆に乗せた湯飲みを差し出してくれた。

「おー、ありがとう」

並木は左手で湯飲みを鷲づかみにすると、右手で胸ポケットから煙草を取り出し一本を口にくわえた。そして、煙草を戻した胸ポケットから使い捨てライターを引っ張りだして煙草に火をつけた。

職員たちは段ボール箱を開き、荷物の中身を点検している。

そんな様子を見ながら、並木はお茶をすすり、煙草を吸い、またお茶を飲んだ。

お茶と煙草を交互に楽しんで、湯飲みが空になるのと一本の煙草が灰になるのはほとんど同時だった。

「さあ行くぞ!」

並木は煙草をもみ消すと、勢いよくソファから立ちあがった。

到着して五分しか経っていない。

「えっ、もう行くんですか!」

職員たちがいっせいに並木を見た。

「もう少し暖まっていったらどうですか?」

班長が声をかけてきた。

(できればそうしたいさ。でも、ゆっくりなんかしてられないんだ。下では息子たちが待ってるからな)

並木はそう言うかわりに、

「二時を過ぎると、急に気温がさがるからな。急がなくちゃ。こう見えても、俺、寒がりなんだ。へっ、へっ、へっ……」

と笑い、空になった背負子を肩にした。

「じゃ……」

並木は軽く右手をあげて挨拶すると、

「気をつけて！」

という職員たちの声を背に外に出た。

登りにくらべ、帰りは数段楽だ。

下り道のうえ、荷物がなく身軽だ。だが、実際は下りのほうが危険で、滑落事故は下りの時に起こることが多い。下りではどうしても踵《かかと》に体重がかかるから、アイゼンの爪先部分の爪が登りほど効かないうえに、スリップすると、前のめりや横向きに体勢をくずすことが多く、ピッケル操作もむずかしい。三十キロの荷物を背負ってアイスバーンを登るのはたしかに骨だが、それはまだしも登りだからできることで、下りということになると、三十キロの荷を背負っておりることなどおそろしくてとてもできない。

下りこそ慎重に……これは並木がいつも自分の心に言い聞かせていることだ。しかし、この日はそよ風に快晴、しかも気温もまださほどさがっていない。

並木はかねて用意のビニール袋をオーバーウエアのポケットから取り出した。スーパーで買物のたびにもらう袋だ。それを尻に敷いて滑りおりようというのである。

（三浦雄一郎がスキーなら、俺はビニール袋だ）

子供たちが待っている……並木は少しでも早く帰ってやりたいという気持ちからそんな無鉄砲も辞さなかった。

もちろん、急坂は避け、雪質のよさそうなところを選んでのことだが、並木はビニール袋を尻にあて、ピッケルで制動をかけながら巧みに雪の斜面を滑りおりた。

そうすることによって大幅な時間短縮がはかられた。

そんなふうにしてまた年がゆき、一九七九（昭和五十四）年が明けた。

景子の入院はすでに八カ月におよんでいた。

並木が見舞うたびに、景子は家に帰りたいと訴えた。

「俺も早く帰ってきてほしいさ。でも、もう少しの我慢だよ」

「子供たちは元気にしてる?」

「大丈夫だ。心配するな」

「裕子は?」

「少し肥ったかな」

「崇は?」

「俊次は?」

「俺が山へ行く日も、おとなしく留守番してる」

「あいつはまだまだ手がかかるな。でも、春にはおむつもとれるだろ」

「悪いね。すっかり母親させちゃって……」

「もう、慣れたさ」

話すのはいつも子供のことだ。

そこまで話すと、おたがい言葉がとぎれる。

そして、長い沈黙の後に、

「……やっぱり、家へ帰りたい」

景子はそう呟《つぶや》いて涙ぐむ。

病院での治療の様子は並木にはよくわからなかったが、抗うつ薬を服用するだけではなく、精神療法も行われているということだった。

真面目で几帳面《きちょうめん》、凝り性で完全主義……景子のそんな性格に、裕子の看病疲れと俊次の出産というストレスと過労が重なって病気を誘発したようだが、治療効果があがらないのも物事を深刻に考えすぎる景子の性格によるように、並木には思えた。

「家のことは心配するな。もうすぐ退院できるさ」

並木はいつもそう言って励ました。

だが、退院許可はなかなかおりなかった。

ところが、二月になってすぐ、景子は突然、一人で退院してきた。

医者から退院許可が出たというのである。

本当に完治したのだろうか……並木は半信半疑だった。だが、景子が戻ってくれば並木も助かる。心の隅に疑念を抱きながらも、並木は景子の言葉を信ずることにした。後からわかったことだが、景子が並木の名前の退院願と退院承諾書を勝手に作り、医者を強引に説得しての退院だった。

家に戻ってきた景子は顔色や肉づきは入院当時よりかなり良くなっていたが、退院にはまだ早いように並木には見えた。

無気力で口数が少なく、物憂い陰りは少しも消えていない。食欲もなく、一人ぼんやりしていることが多いのだ。

「これだけがんばったんだから、もう少し病院で我慢してればよかったのに……」

それは並木の本心だった。

だが、そんな並木の言葉に、無表情のまま景子は力のない声で言うのだった。

「だって一人だとさびしくて。……みんな一緒のほうがいいわ」

そう言われると、並木は景子の孤独感が切なくて返す言葉がなかった。

景子の退院から十日近くたった二月十一日、建国記念の日と日曜が重なった休日だった。

前日の午後に裕子を盲学校の寮から連れ帰り、並木は久しぶりに一家そろって山中湖に出かけることにした。

山中湖は富士五湖のうちで家からもっとも近く、これまでもよく家族で出かけたところだ。

子供用のスノーボートを持った崇は大はしゃぎだし、三歳になったばかりの俊次は母にまとわりつき、目の見えない裕子も母の左手をしっかり握って離そうとしなかった。

そんな母子四人の様子を並木はまぶしいもののように見ていた。

（退院は少し早かったかもしれないが、これでよかった。やっぱり、子供たちには母親が一番なんだ）

並木の口元は自然にゆるみ、思わず笑みがこぼれた。

一家の心はずむ気分をあらわすかのように空は晴れ渡り、二月にしては暖かだった。暖かさのため氷が薄く、計画していたワカサギ釣りは無理だった。だが、子供たちはスノーボート遊びに夢中だった。崇が裕子と俊次をかわるがわるスノーボートに乗せ、それを引っ張ってやった。

「はい、おねえちゃん」

目の不自由な姉の手を取り、崇が裕子をスノーボートに座らせる。

おそるおそる腰を沈めた裕子はスノーボートの縁《へり》を握りしめ、緊張した面持ちだ。

「こわくないからね」

と姉の顔をのぞきこんだ崇がゆっくりとスノーボートを引く。

裕子の顔にかすかな笑みが浮かび、その笑みはやがて顔一杯に広がる。

「さあ、今度はトックン」

十メートルほど行って戻ってくると、崇は弟に声をかける。

「子供たち、楽しそうじゃないか」

並木が景子に向かって言った。

景子は何も言わなかった。だが、景子も穏やかな心でいるらしく、子供たちの遊びを柔和な表情で眺めていた。

並木も加わって、ひとしきりスノーボート遊びに興じてから、作ってきた弁当を富士山を見ながらみんなで食べた。

白一色の山肌で陽光をはね返す富士山の姿がことのほか鮮やかだった。

「そういえば、まだ、おまえを富士山の頂上へ連れていってないな」

並木が富士山の頂上を見ながら言った。

景子の視線も富士山の頂上に向いている。

長期にわたる裕子の入院のつき添いや景子自身の入院などで、一緒の屋根の下に住めなかった日も多かったが、並木たちの結婚生活はあと二カ月で十年になるのだ。

「おまえとはじめて九合目の小屋で逢った時、おぶってでも頂上へ連れていってやるって言ったの覚えてるか？」

景子はこくりとうなずいた。

「まだ、約束を果たしてないな」

「いいのよ、そんな約束なんか……」

「もう少し元気になれよ。この夏こそ連れていってやるよ」

「もう、いいのよ」

「駄目じゃないか。弱気になると、病気がのさばるからな」

並木の言葉に景子は何も言わなかった。

黙って富士を見つめている景子の横顔には、すべてを拒絶するような孤独感が漂っていて、並木は胸騒ぎを覚えた。

一家は午後二時過ぎまで山中湖で遊んだ。

あの日、九歳二カ月だった裕子は帰り道で母と交わした短い会話を、いまでもはっきり覚えている。

「裕子、いくつになった？」

「九歳」

「それじゃ、もうお母さんがいなくても大丈夫だね？」

「ううん、大丈夫じゃない」

その夜――。

翌日仕事がないのでいつもより深酒をした並木は昼間の遊びの疲れもあって、テレビをつけたまま炬燵《こたつ》に足を突っ込んで寝てしまっていた。

テレビのある六畳間に並木と裕子と崇、板張りの廊下をへだてた四畳半に景子と俊次が寝ていた。

並木は喉の渇きをおぼえて目が覚めた。

深夜らしい。つけっぱなしのテレビは小さな光の粒とシャーという雑音を流していた。

景子がかけてくれたのか、並木の身体にはちゃんと布団がかかっていた。

並木は大きく伸びをしてからテレビのスイッチを切った。テレビを消して静かになると、低い呻《うめ》き声のようなものが聞こえたような気がした。

(誰かの寝言か?)

並木は部屋を眺めまわした。

裕子ではなかった。

崇も静かな寝息をたてている。

(なんだろう……)

水を飲むためには台所へ行かなければならない。

並木は廊下に出て、なにげなく四畳半の襖を開けた。そして、景子、どうした!

と叫んで……一瞬立ちつくした。

景子が部屋の真ん中に倒れていた。

あたりは流れ出た血で真っ赤だった。

見なれた果物ナイフが景子の右腕の側に転がっていた。

並木は景子の側に駆け寄った。

景子の身体にはためらい傷も含め、いくつもの切り傷があった。

血を止めなければ……と考えたが、血はあらかた出きったのか、どの傷口からもさほど流れていなかった。

「景子！　景子！」

並木は大声で名前を呼んだ。

まだ息はあるようだが、意識が混濁しているらしく、反応はなかった。

何をどうしていいのか……並木の頭は混乱していた。

混乱する頭の中で、一一九という数字が浮かんだ。

並木は電話の受話器を握ると、震える指先でダイヤルをまわした。

まもなく救急車がきた。

救急隊員の手で景子はタンカに乗せられ救急車に運ばれた。

救急車には並木も乗り込み病院へ急いだ。

景子の顔からは血の気がなくなり、全身から生気が失せていくのが見てとれた。

並木はわなわなと震えだす自分の身体をもてあまし、

（どうして？……どうして？……）

と心の中で呟いた。

景子は病院に運ばれる途中、出血多量で息を引き取った。

遺書はなかったが、山中湖で富士を見ながら並木に言った言葉も、帰り道で裕子と交わした会話も、いずれもその死が覚悟の自殺だったことを示していた。いや、それ以前に嘘《うそ》の文書を作って退院しようとした時、景子はすでに自殺を決めていたにちがいなかった。

自然死ではないから、警察署で検死が行われた。

検死が終わってから、遺体を霊安所に運んできた警察官が、

「奥さんの身体をきれいにしてあげなさいよ」

と言ってくれたが、並木は脳中が空洞になったように感じ、妻の遺体を前に呆然《ぼうぜん》と

立ちつくすばかりだった。

（おい景子！　約束はどうしたんだ！　おまえはあれほど富士山の頂上へ登りたいと言ってたじゃないか！　俺がおぶってでも、かならず連れていってやるって約束したのに……）

結婚生活はほぼ十年、景子は九歳の裕子、七歳の崇、そして三歳の俊次という幼い三人の子供を残して死んだ。三十六歳だった。

一家そろって久しぶりに山中湖に遊び、並木がしみじみと家族のある幸せを実感し、うまい酒に酔い、心地よくまどろんでいる間の出来事だった。

第九章　子供たちとの絆

富士山がこんなに悲しく見えることがあるのだろうか……妻を亡くした並木には二月の富士はまるで肩をすぼめて泣いているように見えた。

この時期の富士は純白のベールの裾《すそ》を山頂から長く垂らし、晴れた日などは稜線が一際《ひときわ》くっきりし、年間を通じてもっとも美しいはずなのに、景子の自殺後しばらく、並木は泣いているような富士を見ながら、呆然とした昼と荒れすさんだ夜を送った。あとしばらく病院で我慢させるべきだったという後悔、妻の心の空洞を埋めてやれなかった腑甲斐《ふがい》なさが並木を苦しめた。

仕事のない日は炬燵《こたつ》で背を丸め、昼間から酒を飲んだ。

なにを考えるのも面倒で、ぼんやりとテレビを眺めて過ごした。だが、テレビの映像はただ眼前を流れていくだけで、並木の脳裏にはひっきりなしに景子の面影が浮かんだ。脳裏に浮かぶ景子はいつもさびしい顔をし、いまにも泣きだしそうに見えた。しかし、泣きだしたいのは並木も同じだった。

その気持ちをまぎらわせるためには酒が必要だった。飲む酒はにがく、酔いはなかなかまわってこなかった。仕方なく、何度も酒の入った湯飲みを空にした。ようやく酔いがまわってくると、並木は妻に向かって愚痴のひとつも言いたい気持ちになった。

(景子……つらかったのは、おまえだけじゃなかったんだぞ。なぜ、死んだりしたんだ。俺の身にもなってみろよ……)

並木は空になった湯飲みに一升瓶からまた酒を注いだ。

(これから、俺にどうしろって言うんだ？　三人の子供を一人で一人前にしろって言うのか？　俺一人でだぞ！)

湯飲みに注いだ冷酒《ひやざけ》を口に含んだ。

(おい、景子！　それはいくらなんでも無茶な注文だぞ。裕子はあんな状態だし、俊次はまだ三歳なんだからな)

口の中の酒を顔をしかめて飲みこんだ。

(子供たちはかわいい。どいつもこいつも、かわいくてたまらん。でも……無理だぞ。これから十年、いや俊次が一人前になるには十五年かかる。その間ずっと、俺一人で子供たちを育てるなんて、とてもできないぞ)

消え去ろうとする景子の幻影を何度も呼び戻し、並木はその幻影に向かって呟きをくり返した。しかし、そんな呟きもむなしかった。幻影はあくまでも幻影にすぎず、景子からはなんの言葉も返ってこなかった。

夜も酒だった。暗い夜を一人で過ごすのはたまらなかった。子供が起きているうちはまだいい。だが、子供たちが寝てしまうと、突然、空虚な気持ちに襲われる。

並木は子供たちが寝たのを見届けると、夜の街に出かけ、酒場の梯子《はしご》を重ねた。女たちの嬌声《きょうせい》に包まれ、杯を干し、蛮声を張りあげた。そうしていると、なにもかも忘れることができるように思った。妻の自殺、目の不自由な娘の存在、息子たちの世話、煩雑な家事、苦しい家計、きつい仕事……それら自分が直面している現実、そして、これから自分が引き受けていかねばならない諸々の面倒……それらが酒の勢いを借りれば雲散霧消《うんさんむしょう》するように感じた。

畜生！　俺には奪われて惜しいものはもう何もないんだ！　だから、怖いものは何もない！……酔いが深まると自暴自棄になり、しばしば喧嘩に巻き込まれた。ささいなことが原因で怒りが爆発し、見ず知らずの若者三人を相手に大暴れをし、意識を失うほど叩きのめされたこともあった。

泥酔して、次の日に前夜の記憶を失っていることもめずらしくなかった。酒の力を借りなければ自分自身を維持できない気がした。しかし、それは錯覚で、酔いから覚めてみれば現実はまったく変わっておらず、引き受けていかねばならぬ面倒は少しも減ってはいない。

次の日の朝、はげしい自己嫌悪と共に目が覚め、しばらくは起きあがる気にならないのだった。嫌悪感をふり払うためには、また酒の力が必要だった。心の中に居座る無力感と孤独感をまぎらわせるため酒に溺《おぼ》れ、いっそうの孤独感と自己嫌悪にさいなまれ、また酒に助けを求める……そんな悪循環の中で、並木の心と身体は疲れ、傷ついていった。だが、働かなければ親子四人が飢え死にしてしまう。

並木は測候所に荷上げのある日は仕方なく出かけていった。

さすがに、荷上げの前夜は酒を控えたが、妻を亡くし、呆然とした心境の並木の前にも、富士のきびしい自然は容赦なく立ちはだかった。

零下二十度を超える寒さ、風速四十メートルもめずらしくない突風、アイゼンの爪も立たないアイスバーン……油断をすると、どれもが命をさらっていく。

並木はそんなことは百も承知だったが、なぜか緊張感がゆるんでしまうのだ。荷を背負って、アイスバーンを一歩一歩踏み締めているような時も、並木はふっと身体の緊張感が抜けてしまうのを感じた。

（景子はあんな死に方をしたけど、俺だって次の一歩を滑らせれば、簡単にあの世に行けるもんな）

これまでなかったことだが、そんな捨て鉢な気持ちが頭をもたげるのだった。

ピッケルを氷の面に打ち込み、吹きつける強風に身体を屈して耐えているような時も、必死に風に逆らっているのが馬鹿馬鹿しい気分にとらわれるのだ。

（一瞬、力を抜いてこの風に身をまかせれば、景子のところへ行くことになるのかなあ）

下りの時も同じだ。

荷は担いでいないとはいえ、下りは登り以上に危険で、油断をするとすぐに大事故につながる。だが、並木はなにも怖いものがないような気がした。ピッケルをブレーキにして、雪の上を尻で滑りおりるのは普通になっていたが、並木の滑りは以前にも増して大胆になっていった。

（このまま、手をあげ、両足もあげてしまえば、加速がついて一巻の終わり……景子のところへ一直線というわけだな）

並木は蛮勇としか言いようのない滑走をくり返した。

誰も見ておらず、止める者のいないのをいいことに、以前なら避けた急な斜面も滑りおりた。

このようにして、富士山の雪や氷にまみれ、強力として効率的な下山の技を獲得していったということもできるが、あの時期、並木が大事故に遭わなかったのが不思議だった。

かわいそうなのは子供たちだった。

並木の子煩悩ぶりは気持ちのうえでは少しも変わらなかったが、酒びたりの昼と夜がつづくのだから、子供の世話にも見落としや手抜きが生じる。

そんな状態を見かねて、再婚をすすめる者もあった。だが、すすめてくれるのはいいが、相手を紹介してくれるわけではなかった。それは無責任というものだ。三人の幼い子供を抱えた貧しい三十九歳の男のところへ嫁いでこようなどという女性は、当然のことながらいなかった。

(再婚しろだって？　簡単に言ってくれるよ。こんな俺のところへ誰が来てくれるっていうんだ！　俺はそんな色男じゃないよ)

並木はあまりにも非現実的な再婚のすすめに舌打ちするほかなかった。

子供を施設に預けることを進言する者もあった。

裕子は月曜から金曜まで盲学校で預かってもらえるからいいとして、崇と俊次の面倒をみるのはたしかに大きな負担だった。この二人がいなければ、仕事をするにも日常生活上もどんなに助かることか。二人を預けて、しばらくはすべてを忘れて仕事に打ち込んでみるか？　そうできればどんなに楽なことか。いや、そうしなければ、俺は酒びたりの生活から抜け出せないのではないか？

そうすることは俺のためばかりではなく、子供たちのためにもいいのではないか？

……並木は何度もそう考えた。

そんな折も折、長野県・安曇野に住む妻の両親から、幼くて足手まといになる俊次だけでも預かろうという申し出があった。

並木はその厚意に感謝した。願ってもないことだった。並木は妻の両親の厚意をよろこんで受け入れることにした。申し出を受諾するのは絶望的な現状を打開する最上の策に思えた。施設に預けるのもいいが、肉親が面倒をみてくれるならなおいい。しかも、妻の両親は二人とも温和な人柄で、以前から子供たちをかわいがってくれていた。安曇野の自然は富士を仰ぐ須走に似ていて、子供を育てる環境として申し分なかった。

三月の半ば、具体的な話し合いをするため、安曇野の妻の実家へ出かけた。話し合いの結果、四月になったら正式に俊次を預けることになった。


妻の死から二カ月が経った。

四月になって三度目の土曜日……明日の日曜日こそ俊次を妻の実家へ連れていかなければいけない、と並木は思った。

俊次を妻の両親に預けることは双方で合意ずみなのに、並木は安曇野行きを一日延ばしにしていた。明日は行こう、明後日こそは行かねばと思うのだが、いざとなると踏ん切りがつかないまま四月も半ばになっていた。

並木はそのことをまだ俊次に話していなかった。三歳になったばかりとはいえ、騙《だま》したまま連れていくのはあまりにも残酷に思えた。では、どう切りだせばいいのか……幼いけれど自分が父や姉兄と離れ、他家に預けられるさびしさは理解できるはずだ。

（トックン、しばらく、おばあちゃんのとこへ行っててくれよな）

並木は声に出さず言ってみる。

しかし、そんな言葉に俊次が素直にうなずくとは思えなかった。

おとうさんも一緒？　おねえちゃんは？　タカシクンは？　矢継ぎ早に質問をしてきて、自分が答えに窮《きゅう》するのが目に見える。

並木は裕子や崇にも事情を話し、俊次を預けることを納得させなければならないと考えていた。これも容易ではなさそうだった。

三人の姉弟は、それぞれ「おねえちゃん」「タカシクン」「トックン」と呼び合い、仲がいい。裕子の帰ってくる土曜日と日曜日は、家の中が一段とにぎやかになる。二人の弟たちは、なにかにつけ目の不自由な姉をかばい、さり気なく手助けをする。そんな様子を見ていると、並木は子供たちがいとおしくてならなかった。

俊次が祖母の元に預けられると知ったら、裕子も崇もまちがいなく泣きだしてしまうだろう……このつらさはみんなで我慢するほかないのだと思いながらも、並木の決意はにぶるのだった。

しかし、四月も半ば、ぐずぐずしてはいられない。

並木はその日、裕子を沼津の盲学校から連れ帰ると、崇と俊次も誘って近所の須走浅間神社に行くことにした。

神社の境内で三人を遊ばせながら、さり気なく話を切りだすつもりだった。

（トックンはしばらく、おじいちゃんとおばあちゃんに預かってもらうことにしたよ。大丈夫だよな。さびしくないよな。おねえちゃんだって、一人で沼津の寮にいるんだし、家にいるタカシクンも一人で留守番が多いんだから……）

並木はまず俊次に向かってそんなふうに言うつもりだった。

後はどんな展開になるかわからない。俊次はじめ、裕子や崇も並木の言うことに素直に納得するとは思えなかったが、並木は心を鬼にして三人を説得するつもりだった。

(ここで弱気を出したら、泥沼であえぐような生活から抜けだせないのだ)

あまりにもききわけがないようなら、勝手にしろ！　と子供たちをその場に放置するなり、平手打ちをくらわすなり、並木は冷たい仕打ちも覚悟していた。

三人は目の見えない裕子を真ん中に右手は崇、左手は俊次と手をつなぎ並木の前を歩いている。裕子の足取りは慎重でゆっくりしているが、弟たち二人は元気がいい。姉が一歩を進めるうちにその場で二、三度スキップし、じっとしていない。

「おい、二人ともはしゃぎすぎるんじゃないぞ。おねえちゃんが転ばないように気をつけてやれよ」

並木は後から声をかけた。

浅間神社は近い。裕子の手を引いて歩いても十分はかからない。

この神社は富士登山道須走口の本宮で、平安時代前期、八〇七（大同二）年に創建された古い神社である。

境内は奥行きが深く、鳥居をくぐって参道を行くと、数段の石段の上に朱塗りの門があり、そこからまた長い参道がつづいて本殿がある。参道の両側は杉の古木がほどよい間隔で立ち並び、その奥は両側とも常緑樹の林になっている。境内のところどころに石灯籠《いしどうろう》があり、朱塗りの門の前面両脇にごつごつした大きな火成岩が一対すえられ、その上に狛犬がおかれている以外は装飾らしいものはない。

境内も社殿も簡素で落ち着いた雰囲気が漂っている。

参道の左奥の林の中に、ひときわ高く天をさしているハルニレの木はみごとである。静岡県の天然記念物にも指定されている樹齢約五〇〇年の古木で、樹高二十四メートルあまりにもおよぶ巨木である。

ハルニレは葉に先がけて可憐な花を咲かせるが、ちょうどいまが花の時期で、東西の枝張りが二十八メートルあるという枝々には淡い緑がかった色の花が一杯咲いていた。

「おとうさん、あれ」

境内に入るとすぐ、崇がハルニレの木を指さした。

「ああ、今年も咲いたな」

並木は崇が指をさす先に視線を移して言った。

春になると、景子も一緒に毎年見てきた花である。

父と兄にならうように、幼い俊次もハルニレの花に目をやった。しかし、裕子だけはハルニレの木がどこにあるのかさえわからぬまま立ちつくしていた。

（……裕子には、あの花が見えないのだ）

神社の境内に入ったら、子供たちに俊次の安曇野行きを告げねばならない……並木はそのことばかり考えていたが、崇の言葉に気勢をそがれた。

並木は気を取り直すように、大きくひとつ咳払いをした。そして、トックン……と呼びかけようとした。しかし、その前に裕子が咳払いに反応を示した。

「どうしたの、おとうさん？」

並木は言おうとした言葉を飲み込んだ。

「ううん、なんでもない」

並木はそう言いながら、あせらなくてもいいんだ、と自分に言い聞かせた。

子供たちは手をつなぎ、その後に並木がついて石段をのぼり、朱塗りの門をくぐった。石段をのぼる時、二人の弟たちは姉の足元を見つめ、一段、二段、三段、と数え、姉の歩みを助けた。

門をくぐり終えた時、

「おとうさん、富士山が見えるよ」

と、また崇がふり返って言った。

視線をあげると、これまで春霞の向こうに隠れていた富士の頂上が、神社の森の向こうにぼんやりと見えた。

やはり、富士はさびしげに見えた。

トックン……と呼びかけるきっかけが、また先に延びたと思いながら、

「あの富士山も、裕子には見えないんだ」

と並木は思わず呟いていた。

その呟きは子供たちにも聞こえたようだ。

裕子が一瞬歩みを止めた。

それを見て、

「おねえちゃん、富士山はおむすびみたいな三角の山だよ」

と崇が言った。

「教えてあげるよ」

崇が裕子の手を引っぱった。

その勢いがよすぎたのか、裕子が俊次の手を離し、俊次がよろけた。

崇はそれには構わず、裕子の手を引いて参道をはずれた。

俊次は二人の後を追った。

崇は大きめの尖《とが》った石を拾うと、それで地面に富士山の絵を描きはじめた。力を込め、土をほじり、おむすびの形をした富士山ができあがっていった。

崇は裕子に右の人さし指で自分が掘った線をなぞらせ、

「わかる？　富士山はこんな形……」

と一生懸命説明していた。

二人の側にしゃがみ込み、俊次は二人のやり取りを瞬《まばた》きもせずに見ている。

そんな三人を並木は少し離れたところから見ていた。

（こいつらを離れ離れにすることはできない）

並木は突然そう思った。

（やめだ！　安曇野行きは中止だ！　よーし、乗りかかった船だ！　苦労なんてどんと来い！　子供たちと一緒に苦労を吹き飛ばしてやろうじゃないか）

並木は地面に描かれたつたない富士山の絵を囲んで、額をくっつけるようにしている三人の子供たちを見ているうちに、新しい気力がぐんぐんわいてくるのを感じた。

子供たちとの強い絆《きずな》が、父親としての並木を立ちなおらせる大きな役割を果たした。

一方、強力としての並木に衝撃を与え、再び仕事への緊張感を取り戻させたのは、景子の死の翌年、一九八〇（昭和五十五）年八月十四日に富士山で起きた落石による大惨事だった。

この年は富士山の「御縁年」という年にあたっていた。

昔から富士山は庚申《かのえざる》の年に誕生したと伝えられていて、六十年に一度めぐってくる庚申の年を御縁年と呼んでいる。この御縁年は縁起のいい年として、その年も各地の浅間神社で盛大な祭りが開催されていた。

この年に一度富士山に登れば三十三回登ったのと同じ御利益があるといわれているため、富士山頂の浅間神社奥宮に詣《もう》でるお年寄りや家族連れが例年より多く、しかもこの日はお盆休みの最中で、一年中でもっとも登山者の多い日といってよかった。

並木はあの惨事を、富士吉田口の八合目の小屋付近で目撃した。

その時、並木はブルドーザーで各山小屋に荷物を配り、ゴミを集めて、再びブルドーザーで山をおりようとしていた。

午後一時五十分頃、富士吉田口登山道にある吉田大沢の砂走り……これは九合目から六合目にかけて広がる火山灰と火山礫《れき》ばかりの急な下山道で、二十度前後の傾斜がある。

通常、登りは溶岩のかたまった登山道を登るが、下りは跳びながら早くおりられるため砂走りを選ぶ人が多い。

この日も吉田大沢の砂走りは下山者が多かった。

並木は八合目の小屋の前から、その下山者の列を見るともなく見ていた。

ちょうどその時、その列に九合目付近から直径一～二メートルもある岩石がいくつか、地響きを立てて落下してきたのである。

石は八合目付近を下山している登山者を次々になぎ倒した。

並木から数十メートル離れたところでの惨事である。

「おーい、こっちに来い！　こっちだ！　こっちだ！」

並木は下山者の列に向かって大声で叫んだ。だが、声が届かないのか、気がつく者は少なかった。

八合目付近の下山者を直撃した岩石はいったん脇にそれたように見えたが、ふたたび下山道に入った。

「落石だぞー！　逃げろー！　高いほうへ登れ！」

何度も叫ぶが、その声は空しかった。

子供と手をつないでいた年配者が石にはね飛ばされるのが見えた。

石は右へ左へと気ままにバウンドしながら、次から次へと落ちてきた。

ごーっ、という音がして、白い土煙があがる。

まるで地震だ。

石に直撃された女性が土煙の中に倒れたまま動かない。

ようやく、事態の容易ならざることを悟《さと》った下山者たちが、悲鳴をあげ、少しでも高いところをめざして左右に逃げまどう。

そこへまた、二度目の落石があって、人々を押しつぶす……並木はその地獄絵図のような現場をはっきり見たのだった。

結局、この大規模な落石事故は死者十二人、重軽傷者三十一人を出す大惨事になったのである。

戦後、富士山で大量の死傷者を出した事故は次の二例である。
①一九五四(昭和二十九)年十二月二十八日、富士吉田口七合目付近で新雪表層雪崩《なだれ》が起き、登山者六十人が遭難した。そのうち日大生八人、東大生五人、慶大生二人の十五人が死亡した。
②一九六〇(昭和三十五)年十一月十九日、九合目から六合目の吉田大沢で雪崩が発生し、六合目付近で冬山訓練中の早大、東京理科大の山岳部員たち五十五人が

雪崩にのみ込まれた。そのうち早大生四人を含む十一人が死亡し、三十二人が重軽傷を負った。（編注③　254ページ参照）

このように富士山での大きな山岳事故のほとんどは雪崩や吹雪によるもので、落石による事故はこれが最大のものであった。

九合目付近の溶岩が晴天つづきで乾燥してくずれたことが落石事故の原因で、直径一〜二メートルの岩石が五十〜六十個も登山者を襲ったのである。

犠牲者十二人の中には小学生三人、中学生一人が含まれ、そのうち小学生の一人は父親と共に犠牲になった。また、犠牲者の中には年内に結納を交わし、翌春には結婚するというカップルもいたことが報じられた。

並木はこの惨事を目撃して、叫ぼうと地団駄踏《じたんだ》もうと、自然の怒りの前では人間はなんと無力なものか、ということを見せつけられた思いだった。

（山を甘く見たら駄目だ。油断していると、山はいつ牙《きば》をむくかわからない。俺ももっともっと慎重でなければならない）

並木は富士山の自然の脅威を、改めて思い知らされたのだった。

第十章　霧の中の遭難者

昔からキツネは神秘的な動物と見られてきた。キツネに化かされて、木の葉を小判に思い込まされたとか、妻にした美女が実はキツネだったとかいう昔話は多いし、キツネの霊がついて異常な行動をしたり、病気になったりするという「狐憑《きつねつ》き」も古くは広く伝播《でんぱ》していた。そのほか天気雨を「狐の嫁入り」といったり、夜に山野で発生する不審火を「狐火」といったりするが、それらもキツネの神秘性が生み出した呼称だ。そのような神秘性から、狐は稲荷神の使者とみなされ、稲荷信仰を支えてきたという面もあるが、一般的にその印象はよくない。しかし、富士山のキツネは愛嬌があってかわいい……並木はそんな印象を抱いている。

かつては測候所で冬の間に出る残飯をビニール袋に入れて雪の中に埋めていた。だから、それをねらってキツネ、イノシシ、ウサギ、モモンガ、イタチ、ネズミなどの動物が頂上付近によく出没した。

そのうちに、測候所の残飯はブリキ缶に詰めて保存し、ブルドーザーが動く季節になってから下におろして処分するようになった。そのため、ネズミをのぞく残飯あさりの動物たちも近年はめっきり姿を見せなくなった。

キツネは並木の山頂までのよき道連れになることがあった。キツネが姿を見せるのは、冬のよく晴れた比較的暖かな日が多いのだが、きびしい雪道を黙々と登る並木にとってキツネは心なごむ相棒だった。

並木が登下山する御殿場口登山道には歩くルートを示す標柱が立てられている。キツネはそのルートに沿って登っていく。だから、ルートの雪の上に小さな足跡が残っているのだ。

(コン助のやつ、今日もいるな)

足跡を見つけて前方を見ると。百五十メートルほど先をキツネが歩いている。

キツネには道連れがなく、いつも一匹だ。

「おう、コン助、元気だったかー」

並木は戯《たわむ》れにキツネに向かって声をかける。

もちろん、キツネは何の反応も示さない。だが、まるで並木の歩調に合わせるかのように、百五十メートルほどの距離を保ったまま前方を歩いていくのだ。

並木はキツネの足跡を踏むように雪道を登っていく。標柱のところまでくると、キツネの足跡は標柱を中心に丸い円を描く。一種の匂いづけの行為なのだろうか……標柱の側の雪の中に餌《えさ》らしきものが埋められていたり、糞《ふん》が残されていることもある。どこで残飯をあさったのか、糞の中にソーセージの留め金の小さな鉛の輪がまじっているのを見つけたこともあった。

キツネと等距離を保ったまましばらく歩いてから、

「おーい、コン助、俺は疲れたから、ひと休みするぞー」

並木はまたそんな戯言《ざれごと》を言って歩みを止める。

すると、先を行くキツネも歩みを止める。言葉が通じるはずはないのに、並木が止まるといつもキツネは立ち止まるのだ。そして、並木が肩の荷をおろして休んでいる間、キツネもその場で動かずにいる。

「コン助、ちゃんと飯は食ったかー」

並木はまたキツネに声をかける。

見渡すかぎり、一面の雪だ。

どう考えても、キツネの餌になりそうなものなどありそうにない。それなのに、キツネがこのルートを登っていくのが不思議でならなかった。

(麓におりていけば、なにか餌にありつけるだろうに……)

そう考えると、並木は前方にいる登山の相棒にいとしささえ感じるのだった。後をついてくるのなら、非常食用のメロンパンを半分くらい雪の上へ置いてやってもいいが、先を行くのだからそうしても無駄だ。

並木は荷を背負いなおし、また歩きはじめた。すると、キツネも歩きだす。しかも、距離は百五十メートルほどを保ったままだ。

そんなふうにして、並木は何度もキツネと一緒に雪道を登ったものだった。

霧が出てきて視界が悪くなった瞬間にキツネの姿を見失ってしまったり、キツネが岩陰に走り込んで見えなくなってしまったりして、結局いつも頂上への途中で別れることになってしまうのだったが、キツネは孤独できびしい並木の道中の慰めだった。

イノシシにも思い出がある。

こちらのほうは猪突猛進《ちょとつもうしん》の言葉があらわしているように、キツネとは対照的に猛々《たけだけ》しくはあっても単純愚鈍《ぐどん》の印象が強い。

イノシシとの遭遇はキツネほど多くなかったが、山で出合った場合、キツネはかならず並木の前方を登っていったが、イノシシは後からついてくるのが常だった。

あの大きな身体を維持するにはキツネとちがって大量の餌が必要で、雪に覆われた冬の富士山にそんな大量の食べ物があるとは思えないのに、毎冬、一度や二度は頂上の近くでイノシシの姿を見かけたものだった。

猪突猛進の具体的あらわれだろうか、それとも単純愚鈍がまねいた事故なのか……山頂の火口に転落死したイノシシの死骸を見たこともあった。

数年前にはこんなことがあった。

ある冬の日、職員の一人が測候所の西側の雪の中にイノシシが一頭埋まっているのを発見した。餌を求めて登ってきたイノシシが寒さで凍死してしまったのだろう。そこへ雪が降り積もり、イノシシの死骸は雪に埋まってしまったのだ。

「食えるかもしれない」

職員の一人が頭の一部だけ出しているイノシシの死骸を見て言った。

「まさか……」

別の一人が言った。

「大丈夫だよ。天然の冷凍庫に保存されていたんだから」

言われてみればそのとおりだ。生きたまま急速冷凍されたわけだから腐っている心配はない。これを掘り起こせば、伊豆あたりでは名物料理になっているボタン鍋が食べられるかもしれない。

雪の中のイノシシは職員たちの好奇心と食欲を刺激した。

さっそく掘り起こして食べようということになった。しかし、雪といっても、なにしろ冬の山頂のこと、堅く凍っていて容易には掘り起こせない。そこで、一日目はツルハシとスコップで上のほうの凍りついた雪を掘り、ノコギリでイノシシの背中の部分の肉を一かたまりだけ切り取った。そんなふうにして、イノシシを天然冷凍庫に保存したまま必要量だけ切り取り、焼いたり鍋にしたりしてたっぷり味わったのである。

並木もおすそわけにあずかり、家に持ち帰り、ニンニクをきかせた醤油につけて焼いて食べたが、なかなかの美味だった。

ただ、測候所の大型冷蔵庫の中にそのイノシシの頭部が長く保存されていて、それを見るたびに、並木は登山道をついて登ってきたイノシシのことを思い出し、複雑な気持ちがしたのだった。

富士山の専門職強力は並木を最後に途絶えてしまったが、かつての富士山には馬を使って荷上げをする馬方やたくさんの強力が働いていた。

頂上の測候所の荷上げも馬と強力がこなしていた。

いまはブルドーザーが運ぶ一年分の燃料や貯蔵食料を、夏二カ月ほどの間に馬と強力で運びあげたのである。

標高一三〇〇メートルの太郎坊から三二〇〇メートルの七合八勺まで、標高差約二〇〇〇メートルの間を毎日四、五頭の馬が背に重い荷物を積んで往復した。急斜面のため荷が前後にこすれ、馬の背中の皮がむけて血がにじんだ。

七合八勺の小屋には常時六、七人の強力が泊まり込んでいた。

そこからは勾配が急になるため馬では無理だった。

彼らは馬の運んできた荷物を背負子につけて担ぎ、一日に何回も頂上まで運びあげた。荷の重さは一回あたり六〇キロくらいで、一日に二三〇キロの荷を運びあげた強力もいたという。そのようにブルドーザーや雪上車のない時代には馬方や強力が富士山の荷上げを支えていたのである。

そんな強力全盛時代にはいささか伝説じみた武勇伝が残されている。

快速自慢は御殿場の強力・梶房吉である。

裾野市にある富士山資料館に残されている記録によれば、彼は富士登頂一七七二回というベテランだったが、御殿場駅から富士山頂までをなんと七時間五十七分で往復したという。

怪力自慢は小山町の強力・小見山正である。

同じ記録によれば、彼は一六〇キロの荷物を担いで富士登山をしたという。

そういう武勇伝を持つ強力にくらべれば、自分は取り立てて誇るべきことはない、と並木は思う。

だが、並木家の居間の壁には一枚の感謝状が誇らしげに額に入れて飾られている。

感謝状

並木宗二郎殿

貴殿は昭和五十七年一月十五日、富士山旧五合目付近で滑落により頭部に重傷を負った遭難者救助のため、厳冬、凍結、さらに霧発生等の悪条件の中を積極的に介護しながら搬送されました。

ここに記念品をもって感謝の意を表します。

御殿場警察署長

一九八二（昭和五十七）年一月十五日……成人の日のことだ。

並木の強力生活は十年目……この日は測候所へ荷上げの日で、いつもどおりアルバイトの相棒と共に、太郎坊から五合目下まで雪上車で運ばれていた。

天気予報では寒気団が接近し、本格的に冷え込み、日本海側では大雪、海や山では荒れ模様が予想されていた。だが、富士山はいい天気だった。好天の祝日ということで、雪上車で登っていく途中、何人か登山者の姿を見かけた。

「物好きなやつもいるもんだ。仕事でもないのに、こんなきつい冬山によく登る気になるよなあ」

並木は登山者のほうに視線をやりながら言った。

冗談まじりの口調だったが、並木の本音でもあった。

いくらいい天気とはいえ、山はいつ荒れだすかわからない。突風も怖い。しかも、この寒さだ。自分が強力でなければ、雪のない夏や秋口ならともかく、こんな季節に富士山に登ることは決してないだろうと並木は思っている。

根っからの山男で、冬山訓練もかねてアルバイトをしている相棒は、

「物好きですか……」

と言って苦笑を浮かべただけで、並木の言葉に取り合わなかった。

測候所で荷をおろし、熱いお茶を飲みながら一服した。

妻の自殺から三年が過ぎ、あの衝撃もいくぶんやわらいで、並木はお茶を飲みながら職員たちと冗談まじりの雑談を交わす余裕を持てるようになっていた。とはいえ、

家にはまだ幼い息子二人が待っている。しかもその日は祝日なので、前日に裕子を盲学校の寮から連れ帰っていた。少しでも早く帰ってやりたいから、のんびりしてはいられない。

「そろそろ行くか……」

と並木が立ちあがると、相棒は、お先にどうぞと言った。

天候の安定しているうちに下山できると思ったので、並木は緊急連絡用の無線機を相棒に渡し、一足先に出発することにした。

危険防止のため原則として単独行は禁じられ、二人一緒の行動が定められているから、無線機は二人で一台しか貸与されていない。

冬山にも慣れてきた。並木は慎重ではあるが、ピッケルを巧みに操り、軽い足さばきで山を下っていった。だが、八合目を過ぎたあたりから、少しずつ霧のような薄い雲が出はじめ、視界が悪くなってきた。

山の天気は変わりやすいのだ。

(急ごう。これ以上天気がくずれると厄介《やっかい》だ)

並木は霧の薄いところを縫うように先を急いだ。

視界はどんどん悪くなっていった。そのうちに厚い雲が並木のまわりをすっぽりと覆いはじめた。風はさほどではない。そのぶん、雲が流れず三メートル先も見えなかった。

冷たい灰色の闇に絡めとられるようにして並木は歩を進めていった。

(遅れてくる相棒はてこずるぞ)

並木は相棒のために緊急連絡用の無線機をおいてきてよかったと思った。

午後三時半頃、登りの時にいつも雪上車をおりるあたりまで来た時、並木はふと人の気配を感じて立ち止まった。

(あれっ?)

並木はぐるりと四方を見まわした。

灰色の闇以外には何も見えなかった。

(気のせいだ)

並木はまた歩きだした。

数歩下ると、また人の気配を感じた。
(おかしいなあ……)
並木は立ち止まってふり返った。
その時、風が来て雲が動いた。
並木は身を低くして、左後方に目をこらした。
流れる雲の切れ間から、岩のかたまりがちらっと見えた。三十メートルほど先だ。
そのへんは雪が少なくなっていて、砂がむき出しになっているところもある。
(人か?)
並木は目を細めて見た。
まちがいなく人だった。
砂の上に男が一人座っているのが見えた。
(朝に見かけた登山者の一人だな)
男はこちら向きに座って休んでいるように見えた。
「おーい、これから冷え込むぞ。休んでないで、早くおりたほうがいいぞ!」

並木はそう叫んで歩きだした。

先を急いでいる並木はそのままやり過ごそうとしたのだ。ところが、しばらく行って並木はまた立ち止まった。

男に呼び止められたような気がしたのである。後から考えれば、その男は声を出せる状態ではなかったが、並木には声が聞こえたような気がしたのだ。

ふり返ってみると、厚い雲がまた後方に澱《よど》んでいて、男の姿はかき消されていた。早く帰りたい気がして一瞬ためらったが、並木は胸騒ぎを覚えて引き返した。

「どうした？　休んでるのか？」

並木はそう言いながら男の側へ近づいていった。

だが、男からの反応はない。

おかしい……と思いながら、サングラスをはずして男の顔をのぞき込んだ。

男は血だらけだった。

濃いサングラスをしている時にははっきりわからなかったが頭が割れ、血が噴き出していたのだ。頭はもちろん、顔も血に汚れ、鮮血が砂地に飛び散っていた。ピッケルもザックもなく、アイゼンは片方だけで手袋もしていない。

「滑落か！」

並木は叫んだが、男は出血多量でぐったりし、しゃべれる状態ではなかった。意識が混濁しているようだ。まず止血だ、と考えた。いくつかある傷口を見ると、零下二十度を超える寒さが幸いしているのか、血は凍りついたように止まっていた。

（このままだとあぶない……）

そう思ったが、自分より大柄な男を一人で下まで運ぶのはとても無理だった。応援を呼ばねば……だが、無線機は測候所を出る時、相棒に渡してきてしまっていた。こうなれば、太郎坊の小屋まで駆け下り、そこから電話で救援を頼むほかない。

「待ってろ！　すぐ救援隊を呼んでくるからな」

並木はそう言うと、男を寒さから守るため自分のジャンパーを脱いで着せてやり、いっきに山を下った。

危険を承知で雪の上は尻で滑りおりた。

（待ってろよ！　死ぬな！）

雪がないところは息を切らして走った。

三十分ほどすると、御殿場山岳会の顔馴染みの二人が車で走ってくるのに出会った。事情を話し、二人には現場に急行してもらい、並木は太郎坊に向かって走りつづけた。そして、太郎坊の小屋から御殿場基地と警察に救助隊出動を要請する電話を入れた。

遭難者は東京都町田市に住む三十七歳の会社役員だった。

三日前から旧五合目付近にテントをはり、一人で冬山訓練をしていたところ、煙草を吸おうとしてしゃがみ込んだ瞬間、足を滑らせて滑落したものだった。頭は二十二針縫う大きな傷で、発見が一時間遅れたら命があぶなかった、と医者が言うほどの重傷だった。

並木があそこを通りかからなかったら……、並木が人の気配を感じて立ち止まらなかったら……、切れた雲の間から遭難者の姿が見えなかったら……、休んでいると思って並木が行き過ぎてしまったら……、そのほかにも、細かくいえば、もっといくつもの「たら」を重ねることができる。

冬の夜、並木は一人で居間の炬燵で熱燗《あつかん》の杯を口に運んでいるような時、壁の感謝状に目をやり、ふと、あの時のことを思い出す。そして、偶然の積み重ねの不思議を感じるのだ。いくつもの「たら」のうち、ひとつでもあの遭難者に味方しなかった場合、彼の命はなかったにちがいない。

最近、飼い主に連れられて富士登山をする犬が増えた。

そんな犬のうち、山をおりられなくなった犬をブルドーザーで下まで運ぶことも一夏に何度かある。犬は登りには強い。舌を出し、息を荒らげながらも頂上まで登り切る。だが、登りは平気でも下りの急坂は怖いらしく、足が竦《すく》んでしまいどうしてもおりられない犬がいるのだ。また、直射日光に焼かれた急な砂礫《されき》の道を滑るようにおりていくうちに、足の裏の皮がすり切れて血がにじみ、情けない悲鳴をあげて動けなくなってしまう犬もいる。

小型犬なら、飼い主が抱いて下山することもできるが、大きな犬だと手に負えない。そこでブルドーザーに救助要請がでるわけだ。

「へーい、お犬さま一匹、お帰りー!」

犬の場合には、そんな冗談で気分をまぎらわせることもできる。

だが、夏山で怪我《けが》をしたり、体調をくずしたりした人をブルドーザーに乗せて下まで運ぶ時は心が重い。まして、それが遺体の時は……心が痛む。

一度だけだが、並木が自分の目で遺体を発見したことがある。

それは一九八八(昭和六十三)年六月十日のことだ。

並木はその日、須走口七合目の見晴館付近でブルドーザー用の道開けをやっていた。午後五時近くなったので、そろそろ仕事をやめようと思いつつ道路脇を見ると、うつ伏せになって倒れている男の遺体が見えた。

雪の下になっていた遺体が、六月の雪解けで姿を現したのだ。

はっきりはわからなかったが若い男だった。遺体に触れることはさけ、並木は体格や着衣を含め、遺体の状況を御殿場署に届け出た。

推定年齢や体格、着衣から、その年の二月に富士山で行方不明になった十八歳の東京の高校三年生だろうということになった。

警察からすぐに遺族に連絡された。

その日は夜に向かうということで、遺体の収容は翌日になった。

遺族は早朝、東京から駆けつけた。

正午前、遺体はブルドーザーで五合目までおろされ、待ちうけていた遺族と対面した。

両親は約四カ月ぶりに見る息子の変わり果てた姿に手を合わせ、いつまでも悲しみを押し殺すようにすすり泣いていた。

（山で死ねたら本望だ……なんていう山男の言葉は嘘だ）

並木は嘆き悲しむ両親の姿を見て、つくづくそう思った。

（嘘でないというなら、山男の傲慢《ごうまん》だ。どんなことがあっても、山で死んではいけない。自分のためにも、残される者たちのためにも、山で死んではいけない）

これは並木の一貫した信念だ。

第十一章　五百メートルの滑落

日本の最高峰は測候所の脇にある剣ヶ峰である。

そこには標高三七七六メートルを表示する石碑が立っている。

剣ヶ峰から噴火口のほうに下り、火口のまわりを一周するのをお鉢めぐりという。お鉢めぐりには外回りと内回りがあるが、外回りは剣ヶ峰から下り、東大宇宙線研究所のところでふたつにわかれる道を左にコースを取る。そこから急な尾根である馬の背の下を通り、雷岩を左に見て、「釈迦の割れ石」という大きな岩を登る。

雷岩にはこの岩に雲がかかると雷が起こるという言い伝えがあり、釈迦の割れ石という名は岩の形が釈迦の横顔に似ているところからつけられたという。

その釈迦の割れ石を越えて、富士山第二の高峰・三七六五メートルの白山岳（釈迦ヶ岳）に登って、内回りコースに合流する道に下る。合流したあとは内回りコースと同じということになる。

内回りコースは東大宇宙線研究所のわかれ道のところでコースを右に取る。

登山者が残したごみ処理などをやっている環境庁の管理小屋を右に見て道を下る。

噴火口は右手に深く荒々しい岩肌を見せている。

下り道をしばらく行って西安河原にいたると富士の霊水・金明水がある。

この先で、外回りコースが内回りコースに合流するわけだ。

金明水は一八六〇（万延元）年に掘られた湧水《わきみず》で、難病にも効く霊験《れいげん》あらたかな水として信仰を集め、お水講も組織された。この水は西安河原からしばらく行き、久須志ヶ岳（薬師ヶ岳）を越えたところにある久須志神社で「霊水・金明水」として売られている。

久須志ヶ岳を越え、久須志神社の金明水で喉を潤《うるお》してまたしばらく行くと、須走口登山道を登ってきたところにぶつかるが、このあたりには山口屋支店、扇屋、東京屋、山口屋本店など富士山の土産物を売る山小屋が並んでいる。

そこからは道の右側に大日岳（朝日ヶ岳）、伊豆岳（阿弥陀岳）、成就ヶ岳の峰が連なっている。このうち伊豆岳は標高三七四九メートルで、富士山第三の高峰である。

火口をはさんで西安河原のちょうど対面にあたるこの一帯は東安河原といい、成就ヶ岳からしばらく行ったところに、夏の間だけＮＴＴの富士山頂分室が開設される。

ここでは公衆電話が設置されるほか、登頂記念スタンプもあり、登山者の人気を集めている。

御殿場口登山道が内回りコースとまじわる手前のところに銀明水がある。

これは名前からもわかるとおり金明水と対をなす富士山の霊水で、一八八九（明治二十二）年に掘られた。ここから左に駒ヶ岳、右に浅間ヶ岳を見てしばらく進むと、富士宮口登山道の鳥居が見えて、右手が浅間神社奥宮である。銀明水はここで売られている。そして、その向かいには頂上の山小屋・富士館がある。

浅間神社奥宮の脇には、夏の間だけ富士山頂郵便局が開設され、山頂郵便局が発行する登山証明書を受け取ろうとする人や山頂郵便局の消印を押した郵便を出そうとする人たちでにぎわう。

奥宮の背後には巨大な虎岩がある。

この虎岩はその名のとおり虎の姿をしていて、火口に向かっていまにも吠えるかのようだ。そこから、七月の下旬まで雪解け水が残っている「このしろ池」を過ぎると、おおかた火口を一周したことになり、あとは測候所、剣ヶ峰への急なのぼりとなる。

以上が時計回りでのお鉢めぐりの外回りコースと内回りコースの概略だが、普通の歩調で歩いて、外回りコースが一時間四十分、内回りコースが一時間二十分といったところだ。

ここに紹介したお鉢めぐりは視線を近くに定め、噴火口周辺を眺めたものだが、視線を遠く左の方向に移しながら行けば、もちろん壮大なパノラマを楽しむことができる。

純白の雲海、その中から浮島のように峰を突き出す山々……北アルプス、八ヶ岳連峰、南アルプス。

房総半島、三浦半島、伊豆半島に抱きかかえられているような東京湾、相模湾、駿河湾……そして、遠く大平洋の広がりの中には、大島、利島、新島、式根島、神津島が浮かぶ。

時計回りで行けば、右手に噴火口、左手に大パノラマのお鉢めぐりは、よく晴れた日に一度は味わってみたい豪華な目の馳走だ。

山で死んではいけないというのは並木の信念だが、富士山という山は常に危険に包囲されていて、一歩まちがえば死に取り込まれてしまうというのもまた事実である。

富士よ。
おれはもっと凄烈《せいれつ》なおまえを見たい。
富士よ、火を噴け。そしてV字に。
富士よ割れろ。
恥部をさらせ。

そううたったのは詩人の草野心平だが、火を噴かず、V字に割れなくても、富士の風や寒気がいったん怒れば、人間なんてひとたまりもない。まるで木の葉さながらに翻弄《ほんろう》されてしまうのだ。

並木は富士山の冬季間、月に三度、それも二十一年間、重い荷物を担いで富士山頂に登り、可能なかぎりその日のうちにおりてくることをくり返してきたのだから、誰よりも多く危険と直面してきたことになる。

そのなかでも並木が忘れられないのは、一九九〇（平成二）年十二月二日の下山のことだ。並木は五十歳、強力になって十八年、富士山のことならたいていのことはわかるまでになっていた。

二日前の十一月三十日、観測史上もっとも遅い日本上陸を記録した台風二十八号が、この季節にはまれな雨を富士山頂に降らせた。そして、雨があがった後の冷え込みで、登下山ルートはつるつるのアイスバーンになっていた。

そんな天候不良の中、行動を起すことができずに太郎坊の小屋で待機していた交代班は、十二月一日の午後、三日遅れでようやく山頂にたどり着いた。

この交代班には並木も同行していた。

並木はその日は測候所に一泊し、翌日、山頂勤務を終えた職員五人と一緒に山をおりることになっていた。交代時は申し送り事項などがあって、登ってきた班と下山する班が一緒に泊まることになっている。したがって、交代班に同行してきた時は、並木も測候所に泊まることになるのである。

翌朝、気温は零下十五度、平均風速二十八メートル、最大風速三十三メートル……風が強く、とても下山できる条件ではないと思われた。ところが、下山組も三日間待たされている。下山したいという気持ちは抑え難い。無理だと思いながらも、風が弱まるのを念じ、下山組の職員たちは荷物をまとめ、準備をはじめた。三週間も山頂生活がつづくと、下山時に気がはやるのはいつものことだ。

その気持ちが通じたのか、朝食を終える頃には風が弱くなってきた。

風速計は平均二十メートルを示している。ぎりぎりのところだ。危険もともなうが、無理をすればおりられる強さだ。

「いまの風が一時間もってくれれば、七合八勺の小屋まで行ける。あそこまで行けばなんとかなる。おりよう！」

班長は他の職員たちの気持ちを忖度《そんたく》して、そう判断した。

並木は、大丈夫かな……と、一抹《いちまつ》の不安を抱いた。だが、口には出さなかった。班長の判断にしたがうのが規則である。しかも、下山が三日も延びている。みんな帰りたい一心だ。並木のほかにも異議を唱えるものは誰もいなかった。

並木をふくめた六人は午前九時三十分、測候所を出発した。

稜線を下った頃から、再び風が強くなった。

そのうえ、雪の表面が二日前の雨のせいで二センチほど透明に凍りついていて、完全なアイスバーンになっている。

強風下のアイスバーン……足元が不安定だ。

まず、小池班長が突風に背を押されて十メートルほど滑り、ピッケルで懸命に踏みとどまった。班長を助けようとした職員の一人もバランスをくずして転倒したが、その場はことなきを得た。

その頃から風はいっそうはげしくなった。

全員がピッケルにすがるようにして風に耐えた。

突風と共に氷の破片が飛んできて全身にあたった。

「引き返しましょうか？」

下山に不安を抱いたらしく、班長が列の先頭にいる並木の側へ寄ってきて、耳に口をつけて怒鳴った。

風が強く、耳元で怒鳴らなければ声が風に飛ばされてしまうのだ。

「引き返すのはかえってあぶない！　思い切っておりたほうがいい！」

風はますます強まり、ほとんど動けない。進むことも退くこともできなくなった。

みんなの膝が恐怖で震えているのがわかる。

「おい！　みんな気をたしかに持つんだ！　がんばれ」

並木は必死で叫んでみた。

だが、声が届いた気配がない。しかし、耐風姿勢をとっているみんなの視線がすがるように並木に集まっていることはわかる。

（全員無事に七合八勺の小屋にたどり着くのは無理かもしれん……）

並木はそこまで考えた。

はげしい風と寒さの中で時間は刻々と過ぎていった。

これでは体力の消耗もはげしい。足や腕の疲労がこれ以上はげしくなったら、風と闘い自分の身体を支えることもできなくなってしまう。突風に煽られての滑落がなにより怖い。こんな状態で足を滑らせれば、どう考えても数百メールは滑落、もちろん命はない。滑落する仲間を助けようと誰かが下手に手を出せば、巻き添えをくって一緒に滑落する危険性が高い。

（ここは、俺の出番だ）

並木は意を決した。

当初の計画どおり、七合八勺の小屋に向かうのは危険だ。まず、八合目の小屋をめざそう。

並木は慎重に、五人がかたまっているところから五、六メートル下まで下った。そして、五人のほうを見て身構え、アイゼンを踏み込み、ピッケルを打ち込んだ。

それから、自分の体勢をしっかりかためると、

「一人ずつおりてこい！　俺に向かってくるんだ！　滑っても必ず止めてやるから、恐れるな！」

と怒鳴った。

小柄な自分より全員が大柄だ。並木は空身《からみ》で身軽だが、ほかの五人は衣類などが入ったリュックサックを背負っている。いくら五、六メートルとはいえ、それなりの加速がつく。滑落してくるのを止める自信は並木にもなかった。滑ったのを受け止めたりしたら、自分も一緒に滑落するのは明らかだった。

（こうなれば死なばもろともだ）

並木はそう思ったが、自分なりの計算もあった。

誰かが滑ってきたら、がっちり受け止めるのではなく、自分の身体をぶつけてやるつもりだった。一度、身体をぶつけてやれば、スピードが弱まるから、自力でも止まれるはずだ。それぐらいの訓練はできている。ここはみんなの恐怖心をやわらげ、少しでも早く八合目の小屋に飛び込むことが肝心だ……それが並木の判断だった。

風はやむことなく暴れる。アイゼンの爪を立てた狭い隙間にも風は吹き込み、靴底を下から持ちあげるような気がする。そのたびに身体が浮き、左右に揺れる。もし片足を浮かせて歩を進めようとしたら、その瞬間にバランスがくずれて倒れてしまいそうだ。

五人は足元を気にして躊躇《ちゅうちょ》しているようだ。

並木は自分でもう一度アイゼンを踏み込みなおして、

「来い！　慎重に！　一歩一歩来い！」

と叫んだ。

ようやく、五人のうちの一人がおそるおそる動き、それが並木の横まで到着すると、次の一人が動いた。

五人全員が並木の側までおりると、並木はまた五、六メートル下り、同じようにして五人を下のほうで支えた。

風の具合をみながら、普段なら十数分ほどで下れる距離を三時間かけておりた。そして、ようやく八合目の小屋に着いた。

そこからは安全柵を頼りにして七合八勺の避難小屋に向かった。

十三時五分、七合八勺の避難小屋に着いた時、しばらくは全員声が出なかった。

外の風はなかなかおさまらず、疲労もはげしいので、その夜は小屋で一泊し、翌日の午後、全員無事に下山したのだった。

並木はあの下山は何度思い出してもぞっとする。

全員無事だったなんて、運がよかっただけだ……並木はいまでもそう思っている。

ヤマネはネズミ科に属するリスに似た動物である。

しかし、身体はリスよりはるかに小さく、体長は七、八センチ、それに五センチほどの尾を持っている。尾にはネズミとはちがって長い毛が密生し、首も足も短く、全体にずんぐりしている。目のまわりは黒いが、体毛は黄褐色で、頭部から尾の付け根まで、背中の中央に黒い線が一本あるのが際《きわ》だった特徴だ。

本来、ヤマネは木の上が生活の場で、足でぶらさがり、枝から枝へ敏捷《びんしょう》に移動する。木の実や小さな昆虫やクモを食べ、体内に脂肪を蓄積し、冬の間は冬眠する。

夜行性だから普通の登山者はめったにお目にかかれないが、並木たちのように一年じゅう富士山とつき合っている者にとってはマスコット的な山の仲間だ。

普通、木の穴や岩の割れ目に巣を作るのだが、山小屋の部屋の隅に布団綿を集めて巣を作ったりもする。その中で身体を寄せ合うようにして眠っている姿を、六月から七月はじめ、ちょうど山小屋を開く頃、どの山小屋でも見ることができる。

身体全体が丸く、目も真ん丸で、とにかくかわいい。

崇が中学生になり、俊次が小学校低学年の頃だったろうか……並木はブルドーザー基地の建物の中にいたヤマネを五匹、家に連れ帰ったことがあった。

その五匹は母親と四匹の子供だった。ボロ布で作った巣の中で、足に怪我をした母親を中心に、四匹の子供たちが心細そうに丸まっていた。

並木はヤマネが天然記念物に指定されていることは知っていたが、その母子の姿がいじらしく、母親の傷をなおしてやりたいと思い、巣ごとそっくり紙袋に入れて持ち帰ったのだ。ヤマネを息子たちに見せてやりたいという気持ちもあった。

ヤマネのかわいい姿に息子たちは大喜びだった。

特に、俊次は一匹一匹に名前までつけてかわいがった。

ミカン箱にタオルを二枚入れて巣にし、蛾《が》やクモをつかまえて入れてやった。牛乳と砂糖水も与えた。母親の傷には軟膏《なんこう》をぬってやった。

ヤマネは昼間はいつも寝ていた。母親を囲んで四匹が身体を丸めて寝ている姿は、キウイのまわりに大ぶりの紀州梅の梅干しが四つ置かれているようだった。

起さないように、静かに掌の上にのせてやる。俊次の掌にさえすっぽりとおさまる。

「こいつ、寝てばかりいやがる」

俊次が言う。

「ヤマネは昼間は寝るのが仕事だ」

並木は言った。

「ふーん、でも、牛乳とか飲まないで大丈夫かな……」

俊次は不安そうに眉をひそめた。

その不安は現実のものになった。餌のつもりで与えていた蛾やクモなどはもちろん、俊次が心配して入れてやった野菜の切れはしなども食べる気配はなく、牛乳や砂糖水も飲んでいるようには見えなかった。目に見えてというのではなかったが、ヤマネ母子は次第に元気をなくし、十日ほど過ぎてから次々に死んでしまった。

ヤマネの小さな死骸を裏の空き地に埋めてやりながら、

(かわいそうなことをしてしまった。いくらかわいいからといって、野生のものは、やはり野生のままにしておいてやるべきだった)

並木はヤマネを家に連れ帰ったことを強く後悔したのだった。

山の事故は予期せぬ時に起きる。しかも人を選ばない。山に不慣れな者だけではなく、山になれ、山を知りつくしている者にも襲いかかる。

一九五八（昭和三十三）年、突風に煽られて滑落死した長田輝雄は長年富士山の強力を務めたベテランだった。また、その慎重で堅実な仕事ぶりが認められて並木の相棒をつとめた若き登山家・山野井泰史も、一九九一（平成三）年十二月十七日、落石による事故に遭っている。

八合目の「たるみ」付近を下山中、落石が山野井の背後から左足下腿部《かたいぶ》に激突し、左足脛骨《けいこつ》の螺旋《らせん》骨折という重傷を負ったのである。救助されるまで、山野井は激痛で三時間あまりも急な斜面で動けずにいたが、そのために重い凍傷にもかかった。

予測できない突風、音もなく氷雪面を滑り落ちてくる落石……さしもの山男もそれらを防ぐことはできなかった。長田が死に山野井が命拾いしたのは、ほんの偶然、それは二人に巡ってきた運の差にすぎない。

並木自身も滑落事故にあっている。

一九八三（昭和五十八）年十一月二十五日、四十三歳の時だった。

職員五人を五、六メートル下で支えながら恐怖の下山をした時もそうだったが、自分自身の滑落事故についても、命を落とさなかったのは運がよかっただけだ、と並木は思っている。

滑落事故のほとんどは下山の時に起き、登りで起こることは少ない。ところが、並木はその比較的安全な登りで、しかも三十キロもの荷を背負っていて突風に吹き飛ばされたのである。

あの時、並木はアルバイトの若い登山家と一緒に登っていた。

相棒は五十メートルほど下を登ってくる。

天気はよく風速も十五メートルくらいで、十一月の富士山ではごく普通の風だった。

午前十時前、七合八勺の小屋のすぐ下……小屋が近いな、と思って見あげると、八合目付近で勢いよく雪煙が流れ、渦巻いているのが見えた。

(風が出てきたのかな……)

そう思った瞬間だった。

どーんと、正面から風のかたまりがぶつかってきた。

「おっ!」

並木は思わず叫んだ。

突風だ。

風速四十メートルは超えていたにちがいない。

身体が浮いた。

並木は万歳をするようによろけた。

次の瞬間、横からひっかけるような風が並木の身体をさらった。

並木は風に倒され、雪面をいっきに滑った。

(これが滑落か)

猛烈なスピードで雪面を滑り落ちながら、並木は案外冷静だった。

その時点で苦痛は少しも感じなかった。だが、荷物を背負ったままだから、身体の自由がきかない。ピッケルも使えない。そのうえ、荷物の分だけ重いから、ぐんぐん加速がつく。速度が加わるにつれ、並木の身体はあちこちにはげしくぶつかり、そのたびに激痛に襲われた。

(……死ぬ)

ふと、そう思った。

荷をはずし、身体を自由にすることが先決だ。

並木はなんとか背負子をはずそうとあせった。しかし、なにもできない。背負子はしっかり結わえられている。落下しながら、それをほどくことなど不可能だ。

(荷物を身体からはずさないと、ほんとうに死んじゃうぞ……)

そう思った瞬間だった。

並木の身体は雪と氷がはりついた岩に激突した。

その場で身体が跳ね、回転した。そして、担いでいた段ボール箱三個の荷が背負子と共に壊れてくだけた。

一番上の箱に入っていた数十個の卵が頭の上でばらばらになり、花火のように弾けるのが見えた。

五百メートル滑落した並木の身体はそこで止まった。

胸のあたりが刺すように痛み、身体のあちこちが疼《うず》いた。

(死ななかった……)

並木の意識はかすんでいた。とても動ける状態ではなかった。ぼんやりした意識のまま、その場にうずくまっていた。どのくらい時間が経ったのだろうか。

「並木さん！　大丈夫ですか！　並木さん！」

耳元で相棒の声がした。

目を開けると、血の気を失い、恐怖に引きつった相棒の顔があった。

「大丈夫だ」

並木は強がって言った。

相棒は持っていた無線機で御殿場事務所を呼び出し、救援隊の出動を頼んでくれた。頭をやられなかったのが幸いだった。運がよかった。頭からあの岩に突っ込んでいたら即死だったろう。

並木は救援隊を待たずに自力で下山し、途中で救援隊と合流し、二合五勺で待機していたジープで虎の門病院分院に運ばれた。

左右の肋骨を二本ずつ、合計四本を折る重傷だった。

並木の滑落を目撃した若い相棒は、

「まるでボロ布《きれ》が落ちていくようだった。足がすくみ、声も出なかった。富士山はヒマラヤより怖い」

という言葉を残し、その日かぎりでアルバイトを辞めてしまった。

第十二章　わが骨は富士に埋めるな

並木宗二郎は、現存する日本人の中でもっとも多く冬の富士山頂に登った男だろう。確かな記録があるわけではないが、多分まちがいないはずだ。

大雑把《おおざっぱ》な計算になるが、だいたい十一月から四月までの六カ月間、並木は十日に一度、山頂に荷物を運びあげるわけだから、年に十八回、それを二十一年間つづけたから、単純計算で合計三百七十八回……もちろん、その間滑落事故で三度休んだことがあるが、測候所の荷上げ以外にもテレビ局や新聞・雑誌社に頼まれて資材を運んだりすることが年に一、二度はあったから、それを加えると、少なくとも四百回は冬季の富士山に登ったことになる。

しかも、そのたびに三十キロの荷物を背負っていく。若い時はもっと多く担いだこともあるが、いちおう三十キロに統一するとして、三十キロを四百回ということは、合計一万二千キロ……つまり、二十一年間に、累計約十二トンの生鮮食料品、手紙、書類などを山頂の測候所へ運びあげたことになる。

四百回、十二トンと数字にまとめてしまうと、あまりにもあっけない。しかし、この数字の裏には二十一年という長い歳月が流れているし、厳寒、烈風、アイスバーンという過酷な冬の富士山の自然が隠されているのである。しかも、その強力生活は全盲の娘を含む幼い三人の子供を男手一つで育てあげる中でつづけられたのだ。それを知ると、二十一年、四百回、十二トンという数字が改めて重い数字として心に迫ってくる。

一九九四（平成六）年四月二十五日——。

並木はいつもどおり太郎坊から五合目まで雪上車で運ばれ、そこからは徒歩で頂上をめざしていた。

二十一年間に四百回は登った道である。

背中には三十キロの荷物を担いでいる。

これはいつも変わらない。だが、並木にとって、この日は特別な日だった。

長かった富士山の冬もようやく終わり、あちこちに春の気配が漂いはじめている。

雪もすっかりゆるんだ。下のほうでは雪解け水も流れはじめた。

来月からはブルドーザーが道開けをはじめ、頂上への荷上げもブルドーザーがやることになる。ということは、この日は並木の強力生活最後の日になるのだ。

正式に引退を表明したわけではないが、自分の心の中では、今日が最後と決めている。これが最後だ、と思うとやはり心は動く。かといって、特別なことをするつもりはない。いつもどおり、たんたんと登り、自分のペースで下ってくるだけだ。

相棒の山野井にも引退のことは話していない。

彼はいつもどおり、お先に、と言いおいて先に行ってしまった。

並木は最後になるであろう雪の道を一歩一歩踏みしめるように登っていった。

(自分としては苦しいことや、つらいことの連続だったような気がするが、俺の仕事は少しは役に立ったんだろうか?……考えてみれば、俺はただ、重い荷を背負って危険な山道を往復しただけだからな)

並木は自嘲的にそう考えた。だが、すぐにそれを打ち消した。

(いや、そこまで卑屈になることはないか。強力は測候所の生命線だ、と言ってくれた人もいたからな。俺が運んだ荷物が、測候所の仕事に役立ったのなら本望だ)

並木は解放感を感じていた。

知らず知らず鼻歌が出た。

そんなことははじめてだった。

上野発の夜行列車
おりた時から
青森駅は雪の中
北へ帰る人の群れは
誰も無口で
海鳴りだけをきいている

カラオケでも十八番《おはこ》にしている石川さゆりの『津軽海峡冬景色』だ。荷上げの途中に声を出して歌をうたった記憶はない。いくら雪がゆるみ春らしくなったとはいえ、空気は薄く、荷は重い。これまではとてもうたう気になどならなかった。

並木は立ち止まった。そして、息を整えて最後までうたい切った。

私もひとり　連絡船に乗り
こごえそうな鴎見つめ
泣いていました
ああ　津軽海峡冬景色

日本音楽著作権協会（出）許諾第２４０１６１８－４０１号

ついでだから、胸のポケットから煙草を出して一服つけた。

これもめずらしいことだ。煙草は好きだが、登下山の途中、山小屋での休憩時以外に吸ったことはない。

うまい！……並木は一本のマイルドセブンをゆっくり味わった。

（なにしろ、俺の仕事場は日本一の富士山だからな。……おまけに、この仕事のおかげで子供たちを社会に出すことができたんだ）

裕子は二十四歳、崇は二十二歳、そして俊次は十八歳……妻の景子が死んだ時、あんなに小さかった三人の子供たちもたいした問題もなく成長して、いまでは息子二人は身長も体重も並木を超えた。

（裕子には少し甘いものを控えさせないと駄目だな。目が悪いから、どうしても運動不足になる。だから肥りすぎるんだ）

目の不自由な裕子はまだ自活の道を得られずにいるが、ラジオやＣＤで好きな音楽を楽しみ、穏やかな毎日を送っている。

並木が仕事に出かける時、いってらっしゃい、と言う裕子のひとことが並木の心をどれだけなごませ、励ましてくれたことか。冬の間、並木はまだ裕子が眠っている暗いうちに仕事に出かける。それでも並木は裕子の寝顔に向かって、行ってくるぞ、と小さく声をかける。ほとんど裕子は眠ったままだが、その寝顔が並木をどれだけ勇気づけたことか。この子のためにもがんばらねばならない！　泣きごとなど言っていられない！　……並木はいつも心の中で気合いを入れて家を出たのだった。

長男の崇はもう立派な社会人だ。この頃はいっそう並木に似てきた。のんびりした性格は変わらないが、自動車整備工としてがんばり、着実にキャリアを積んできた。

あれは崇が中学三年の時だったか……崇に強力になることをすすめたことがあった。

きつい仕事ではあったが、仕事場が日本一の富士山で、しかも専門職の強力は自分一人だという誇りがあった。息子と一緒に働く喜びも味わってみたかった。

「きつい仕事だし、無理にとは言わないけどな」

並木はそうつけ加えた。

「考えてみる」

と崇は答えた。

一カ月ほどして、

「どうだ崇、やってみる気になったか？」

と改めて聞いてみた。

崇は一瞬はにかむような笑みを浮かべ、

「……やっぱり、危険すぎるから」

とだけ答えた。

並木の滑落事故は崇が小学六年生の十一月末だった。並木の事故で家族全員が暗い正月を過ごした。ゆっくり治したかったが、経済的余裕がなかった。いつまでも休んではいられなかった。並木は年が明けるとまもなく、無理を承知で仕事に復帰した。あの時も泣きごとは言わなかったつもりだが、崇はあの時父親が負った傷の深さを忘れずにいたのだろう。

並木は、

「そうか」

と言っただけで、それ以上何も言わなかった。

残念な気がしたのも事実だが、その反面、胸を撫でおろすようなところもあった。

(あいつは車が好きなんだから、強力になるより、この道のほうがよかったんだ。恋人もできたようだから、今度は結婚か……)

三月に高校を卒業した次男の俊次も勤めはじめた。

建設資材会社のセールスマンだ。毎朝、背広を着てネクタイをしめて出ていく。そんな末っ子の姿がまぶしい。

三月末、俊次にはじめて背広を買ってやった時、並木は子育てが終わったことを実感した。

（セールスの仕事はあいつに向いているのかなあ……大丈夫だ、あいつはけっこう要領のいいところがあるからな。それに、うちのやつらは小さい時から苦労しているから、ちょっとやそっとじゃ、くたばらんさ）

並木の顔に笑みがもれる。

（……景子が生きてればなあ。一人前になった子供たちの姿を見せてやりたいよ。これからが楽しみだというのに……いや、いかん、またこれだ）

並木の笑みが苦笑に変わった。

一歩一歩を噛みしめるように普段よりゆっくり歩いた。

途中歌をうたったり、一服したりして休憩もたっぷりとったから、並木が七合八勺の小屋についた時には、すでに山野井の姿はなかった。昼食をすませて出発してしまったらしい。

並木は昼食もゆっくり食べた。

（俺が強力をはじめた頃にくらべると、富士山そのものもずいぶん変わった。あの頃は環境保護をうるさく言う人なんてほとんどいなかったな）

たしかに富士山は変わった。

遠くから眺めているだけではその変化に気づかないが、並木のように富士山と身近に接している者の目には富士山は年々、疲れ、衰えていくように見える。

緑の勢いが衰え、山肌を彩る草花が少なくなった。山に住む動物の数が減り、イノシシ、キツネ、ウサギなど、かつて見られた愛嬌者たちの姿がめったに見られなくなった。ゴミが増え、山が汚れた。そして、なにより並木の心を重くするのは登山道が荒れたことだ。

それについては、自分にも責任があることを並木は自覚している。

夏の間、並木はブルドーザーを運転して山小屋への荷物の運搬をやってきたが、ブルドーザーの運行がどれほど登山道を傷つけたことか……それを考えると、並木は自分の責任を痛感するのだ。

最近、「富士山を世界の自然遺産に！」という運動がさかんになってきたが、富士山に身近に接し、現状をよく知る並木は、その趣旨に賛成しながらも、一抹の不安も感じるのである。

（ごめんよ、富士山。仕事とはいえ、俺もブルドーザーで、ずいぶんおまえの顔面に傷をつけたよな。そうしないと、俺も子供たちも生きていけなかった。でも……ほんと、悪かったな。許してくれ……）

これが最後だと思うと、並木はどうしても感傷的になってしまうのだった。

人類共通の財産として、世界の自然遺産と文化遺産を保護していこうという世界遺産条約は一九七二（昭和四十七）年のユネスコ総会で採択された。

日本もこの条約に署名したが、批准、加盟を二十年間も見送ってきた。

それには原爆ドームの評価にからむ国際政治上の問題のほか、国内の態勢の遅れもあったようだが、一九九二（平成四）年になって、ようやく百二十五番目の加盟国になった。そして、翌年の十二月六日から十三日までコロンビアのカルタヘナで開かれた第十七回世界遺産委員会総会において、自然遺産として白神山地と屋久島、文化遺産として法隆寺と姫路城が、わが国初の世界遺産に指定された。

わが国では、それまで世界遺産についてほとんど知られていなかったが、ひとたび自然遺産として白神山地と屋久島が指定されたことが報じられると、「なぜ富士山ではないのか？」という声がわきあがった。無理もない。たしかに、白神山地も屋久島も保護すべき貴重な自然遺産であるが、国民がなれ親しんできた度合いといい、国際的知名度といい、富士山の比ではない。「なぜ富士山ではないのか？」という声はいっそう高まり、その疑問は「ぜひ富士山を世界遺産に！」という声に変わっていった。

一九九四（平成六）年三月十三日、静岡県で富士山を世界遺産にするための署名運動がはじまった。

その運動は短期間のうちに全国に広がり、約三カ月のうちに、当初の目標百万人を上まわる二百四十万人を超える署名が集まった。

六月十四日には、署名運動を実施してきたメンバーたちが衆参両院議長に、「富士山を世界遺産として推薦するための国内候補地に選定してほしい」という請願書を提出した。

運動は予想以上の盛りあがりを見せたのである。このことからも、富士山がいかに日本人に親しまれ、愛されているかがわかる。

では、富士山はほんとうに世界遺産にふさわしいのか？　いま、自然遺産として富士山に問題はないのか？

残念ながら、自然遺産として富士山は現在さまざまな問題を抱えている。しかも、それらのいずれもが一筋縄では解決できない難問である。かといって、手をこまぬいているわけにはいかない。難問だからといって放置している間に、問題はいっそう深刻化し、やがて、富士山は壊され、無惨な姿をさらすことになってしまう。そして、一度壊された富士山は再び元の秀麗な姿をわれわれの前に見せることはないのだ。

（編注④　254ページ参照）

三年前、並木は家から車で十五分ほどのところにある富士霊園に墓を造った。

並木家の墓は富士山と正対している。

長い間、寺に預けていた景子の遺骨をようやくそこに納めた。

自分もいずれそこに入る。

並木の強力引退を知っていくつかの新聞や雑誌が取材に来た。

そのうちの一人の記者が、

「何度も往復した富士山だから、死んだら分骨をして、骨の一部を富士山の頂上に埋めてほしいでしょうね」

と言った。

並木はきっぱりと答えた。

「いや、自分の骨を富士山に埋めるなんてごめんだね。子供を育てながら生き抜くため、さんざん苦労した山だからね。あの寒さ、強い風……死んでからまであの苦労はかんべんしてほしいよ」

それを聞いて、記者は意外そうに突っ込んできた。

「並木さんは富士山が嫌いなんですか？」

「とんでもない、大好きだよ。俺が生き抜いてきた仕事場だからね。富士山で仕事してきたことを誇りに思っているさ。だから、富士霊園に墓を建てたんだ。あそこから毎日富士山を眺めて暮らすさ。冬に荷を背負って登るには大変だけど、遠くから眺めているぶんにゃ、富士山は世界一すばらしい山だからね」

あの墓の中には女房が丸ごと待ってるんだ、だから、俺も丸ごとじゃなきゃまずいだろ……そうつけ加えようかと思ったが、それはやめた。

測候所が見えてきた。

並木は立ち止まった。

荷を背負ったこの格好であのドームを見上げることはもうないのだと思った。

（結局このしんどい仕事を二十一年間もつづけられたのはなぜだろう？）

脳裏に浮かんだのは、やはり三人の子供たちの顔だった。

（そうだ。あいつらだ。あの三人がいたから、俺は今日まで強力をやってこられたんだ）

並木の顔に柔和な笑みが浮かんだ。

一九九四（平成六）年十一月一日、御殿場基地事務所で測候所職員二十人が参加して並木の引退式が行われた。

そこで、佐野幸三・東京管区気象台長から並木に感謝状が贈られた。

一九九五（平成七）年六月一日には東京の気象庁に呼ばれ、二宮洸三・気象庁長官からの感謝状を受けた。

二枚の感謝状は新たに並木家の居間の壁に飾られた。

「あなたは強力として、厳しい気象条件の下で、多年にわたり富士山測候所の山頂事務運営に必要な物資運搬に努め、円滑な運営に貢献されました。その功績は誠に顕著であります。よってここに深く感謝の意を表します」

功績は誠に顕著……並木はその七文字をじっと見つめた。

自分の二十一年間がそれなりに評価されたのだ。

並木は感謝状に書かれたその言葉もうれしかったが、

「お父さん、長い間、ご苦労さん」

と言ってくれた裕子の言葉はもっとうれしかった。

一九九四（平成六）年春、麓で小鳥たちが鳴き交わす頃、並木宗二郎は二十一年間つき合った富士山から静かに身を引いた。

あとがき

並木宗二郎さんと知り合ったのはテレビ番組がきっかけでした。

静岡朝日テレビが開局十五周年記念番組として『雪炎！　星と語る男たち』というドキュメンタリー番組を制作するにあたり、私は構成を引き受けることになりました。

一九九二年の初夏から九三年の冬にかけて五五一日間富士山頂に密着し、その自然と人を追った番組は大変好評で、一九九三年度のギャラクシー選賞を受賞しました。

その番組の中で、富士山最後の専門職強力として紹介されたのが並木さんでした。

長女が全盲になるという病気と夫婦一緒に闘い、それに疲れ果てた奥さんの自殺後、幼い三人の子供を男手一つで育てながら、厳冬の富士山で二十一年間強力をやり続けた並木さんの人生は視聴者の大きな感動を呼びました。

私も取材ＶＴＲを見ながら、「並木さんはすごい。自分にはとても真似ができない」と何度も呟いたものでした。

番組の放送が終わってから、並木さんと私のつき合いがはじまりました。

年齢が同じでおたがい酒が好き……一升さげて家にお邪魔し、彼が富士山で体験したあれこれを聞くのはとても楽しいことでした。しかし、楽しいことばかりではなく聞いているうちに胸がつまり、思わず絶句してしまうこともありました。

私は並木さんの話を聞きながら、彼の頑張りに何度も感嘆の声をあげました。そのたびに、並木さんは平然と「仕事だからね」とか「親だからね」とか言うのです。そういう時はきまってちょっと照れた笑顔を浮かべました。

それはとてもいい笑顔でした。


この本ができるまでには多くの人の力を借りることになりました。

テレビ番組の制作にあたっては静岡朝日テレビの大城哲夫、池田恵一の両氏、東京福原フィルムス社長・近藤隆治氏をはじめ、大勢のスタッフの力が結集されました。

『雪炎……』というテレビ番組のタイトルの一部を書名に使わせてもらったのは、名前をあげることのできなかったスタッフ諸氏への感謝を形にしたかったからです。

この原稿の抜粋は一九九五年十一月号から一九九六年三月号までの五回、月刊『山と溪谷』誌に掲載されましたが、その際には同誌編集長・神長幹雄氏に大変お世話になりました。単行本にまとめてくださったのは池田常道氏です。

また、いちいち名前や書名はあげませんが、そのほかにもたくさんの方々の力を借りています。みなさんに心からお礼を申し上げます。ありがとうございました。

今朝もわが家のリビングルームの窓から、白雪を輝かせる富士山がよみうりランドの丘の向こうにくっきりと見えました。冬の間はほとんど毎朝見えるのですが、富士山はいつ見ても壮麗で心をなごませてくれます。

並木さん、ありがとう。

この本はあなたのつらい過去を思い出させることになりそうだけど……富士山の勇姿を肴《さかな》にまた一杯やりましょう。

一九九六年五月

文庫版のあとがき

本書が単行本で刊行されたのは一九九六年、いまから二十八年も前のことでした。その時の「あとがき」で、テレビ番組の構成作家として並木さんを知り、その生きざまに感動して、本書を書いたことを述べています。本はそれなりの読者を得て好評でしたが、いずれにしろ、記憶すら薄れる四半世紀以上も前のことです。

ところが、いまになって編集者の萩原浩司さんから電話があり、「山好きの若者でさえ、強力の存在を知らない時代になりました。そこで、古い話になりますが、あの『雪炎　富士山最後の強力伝』を文庫本にしたいと思うのですが……」

という、思いがけない申し出がありました。

瞬間、「えっ、大丈夫?」と答えながらも、さまざまな記憶がよみがえりました。

テレビ番組のディレクターだった、当時、静岡朝日テレビの池田恵一さんから、構成者の私に、

「番組のタイトルを、これまで使われていない、パンチのきいた新しい言葉にしたいので、頭をひねってください」

と、注文がありました。

そこでひねり出したのが、『雪炎』という二文字でした。

妻の自死後、幼い三人の子供を育てるため、二十一年間、極寒の富士山を舞台に、強力として命の炎を燃やし続けた並木さんの人生を表わすには、雪炎という言葉をおいてほかにない……この二文字が脳裏に浮かんだ時、「よし！」と声に出し、拳を握りしめたことを思い出します。

二十八年の間にはさまざまなことがありました。

最初の悲報は全盲の長女・裕子さんの死去でした。大きなハンデを負いながら、明るく健気に生きていた裕子さんは、二〇〇七年に三十九歳で黄泉の国へ旅立ちました。そんな悲しみを乗り越え、並木さん一家は懸命に生き、二人の息子・崇君と俊次君は、それぞれ独立して一家を構え、並木さんは五人の孫に恵まれました。

強力引退後、並木さんは環境保全のボランティアをされていましたが、二〇二〇年十一月、八十一年の生涯を終えられました。余人には真似のできない、みごとな人生でした。

ほかにも、テレビ番組の制作や、本書の刊行に力を貸してくださった方々の幾人かが鬼籍に入られました。

萩原さんの慧眼によって、長い時を経て、並木さん一家の感動的な生きざまにいま一度光があてられ、本書が「雪炎」の二文字と共に落ち着くべき場に収まり得たことは、筆者にとって望外のよろこびです。

この時のために力を貸してくださった多くの方々に、心から感謝いたします。ありがとうございました。


時は流れ、人の世は移ります。しかし、富士山のどっしり構えた、あの勇姿はいつまでも不変不動でしょう。

二〇二四年三月

井ノ部康之

【編注①】Ｐ10

山野井泰史はその後、一九九四（平成六）年ネパールのチョ・オユー南西壁新ルート単独登攀、一九九五（平成七）年パキスタンのレディース・フィンガー南壁初登攀、一九九八（平成十）年ネパールのクスム・カングル東壁新ルート登攀、二〇〇〇（平成十二）年、世界第二位の高峰・Ｋ２を南南東リブから無酸素・単独登頂、二〇〇二（平成十四）年ネパールのギャチュン・カン北壁登攀等、数々の歴史的登攀を続け、二〇二一（令和三）年には「登山界のアカデミー賞」と称されるピオレドールの生涯功労賞を受賞。先の受賞者であるヴァルテル・ボナッティ、ラインホルト・メスナー、ダグ・スコットといったクライミング界のレジェンドたちと肩を並べる評価を得、現在も第一線で登り続けている。

【編注②】Ｐ19

近年における富士山頂での八月の日最低気温は、二〇一六（平成二十八）年八月三十一日に摂氏零下四・一度を記録している（気象庁のウェブサイトより）。

【編注③】Ｐ１８６

富士山ではその他に、次のような大量遭難事故が発生している。

一九七二（昭和四十七）年三月十九日から二〇日にかけて低気圧の襲来による悪天候のため、御殿場ルートを下山中の登山者のうち低体温症や雪崩によって十八人が死亡、六人が行方不明となった。

【編注④】Ｐ２４４

富士山は当初、人為的改変が進んでいることや、ゴミやし尿処理など環境面での問題が理由となり、自然遺産での登録は見送りとなったが、二〇一三（平成二十五）年に「富士山―信仰の対象と芸術の源泉」として世界文化遺産に登録された。

雪炎　富士山最後の強力伝

二〇二四年五月五日　初版第一刷発行

著者　井ノ部康之
発行人　川崎深雪
発行所　株式会社 山と溪谷社
〒一〇一-〇〇五一
東京都千代田区神田神保町一丁目一〇五番地
https://www.yamakei.co.jp/

■乱丁・落丁、及び内容に関するお問合せ先
山と溪谷社自動応答サービス　電話〇三-六七四四-一九〇〇
受付時間／十一時～十六時（土日、祝日を除く）
メールもご利用ください。
【乱丁・落丁】service@yamakei.co.jp
【内容】info@yamakei.co.jp
■書店・取次様からのご注文先
山と溪谷社受注センター　電話〇四八-四五八-三四五五
ファクス〇四八-四二一-〇五一三
■書店・取次様からのご注文以外のお問合せ先
eigyo@yamakei.co.jp

印刷・製本　大日本印刷株式会社
定価はカバーに表示してあります

Printed in Japan ISBN978-4-635-04997-9